本书为教育部人文社会科学研究规划基金项目"动作发展视域下幼儿园体育教学模式研究（项目编号：21YJA890011)"和中国学前教育研究会"十四五"研究项目"动作发展视角下的幼儿园体育课程教学设计与实践（项目编号：K20210916）"研究成果。

动作发展视域下幼儿体育教学改革与发展

贾富池　陈玉娟　李　立　贾静怡　王立军　著

天津出版传媒集团

天津科学技术出版社

图书在版编目（CIP）数据

动作发展视域下幼儿体育教学改革与发展 / 贾富池
等著. -- 天津：天津科学技术出版社，2023.4
　　ISBN 978-7-5742-0983-1

　　Ⅰ. ①动… Ⅱ. ①贾… Ⅲ. ①体育课 – 教学研究 – 学
前教育 Ⅳ. ①G613.7

　　中国国家版本馆CIP数据核字(2023)第051325号

动作发展视域下幼儿体育教学改革与发展
DONGZUO FAZHAN SHIYU XIA YOUER TIYU JIAOXUE
GAIGE YU FAZHAN

责任编辑：宋佳霖

责任印制：兰　毅

出　　版：天津出版传媒集团
　　　　　天津科学技术出版社

地　　址：天津市西康路35号

邮　　编：300051

电　　话：（022）23332490

网　　址：www.tjkjcbs.com.cn

发　　行：新华书店经销

印　　刷：定州启航印刷有限公司

开本 710×1000　1/16　印张 11.25　字数 150 000
2023年4月第1版第1次印刷
定价：78.00元

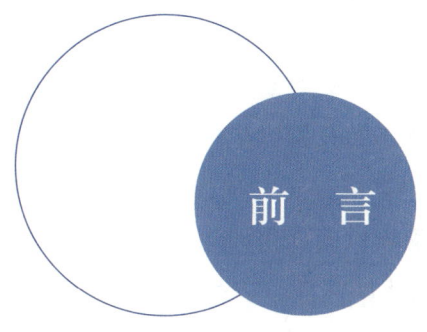

前　言

　　幼儿进行科学的运动技能练习，不仅能够收获身心健康，还能够促进大脑的良好发育。但当前我国幼儿体育教育仍存在知识盲区，导致大批幼儿未能遵循运动技能发展的客观规律进行学习，过早地参与了单一运动项目的专项化训练，导致身体发育出现很多问题。教育部在 2012 年颁布的《3 ～ 6 岁儿童学习与发展指南》中明确将动作发展列为儿童健康领域目标，分别对各年龄段儿童的动作大致可以达到什么发展水平提出了合理期望，指明了不同年龄段儿童动作学习与发展的具体目标。2018 年《学龄前儿童（3 ～ 6 岁）运动指南（专家共识版）》的推出，进一步体现了国家愈发重视幼儿动作发展和健康领域方面的问题。2020 年 10 月，中共中央办公厅、国务院办公厅在颁布的《关于全面加强发展和改进新时代学校体育工作的意见》中明确强调，要逐步完善"健康知识 ＋ 基本运动技能 ＋ 专项运动技能"的学校体育教学模式。2022 年 4 月，教育部在最新颁布的《义务教育体育与健康课程标准（2022 年版）》中，将基本运动技能设置为一二年级学生必修必学的重要课程内容。上述文件与新课标的颁布表明国家正努力引导儿童和青少年科学地进行运动技能的学习。这是因为体育的基础是"基本运动技能"，包括移动类、稳定类、操作类运动技能三类，就像语文的基础是拼音、汉字、词语，数学的基础是数字、加减、乘除一样。

自 20 世纪 50 年代，就有学者呼吁反对幼儿过早地参与运动技能的专项化训练，幼儿过早地参与专项化训练，会超出其身体所能承受的最大力量及其综合能力，进而会对幼儿的身心产生危害。相关研究每年都以一定数量在增加，学者们分别以生理学、心理学、教育学、生物力学等视角研究幼儿参与早期单一运动项目专项化训练的利弊。总体而言，幼儿参与早期单一运动项目专项化训练，容易对其身心产生较多不良影响。随着研究与实践的不断深入，学者逐步达成共识，田恒行、宗辰珺、孙铭珠认为基本运动技能的学习是不可或缺的重要环节，幼儿只有打好基本运动技能的基础后，才能更好地学习更为复杂、高级的专项运动技能。由此可见，基本运动技能才是幼儿体育教学的重要课程内容。[①]

我国虽然逐步完善了义务教育阶段体育教学内容，但对于学龄前幼儿的体育教学内容并没有明确的规定。幼儿足球、幼儿篮球、幼儿舞蹈、幼儿武术等专项化训练依然严重，单一项目的长期练习与幼儿的身体全面发展不相适应，造成幼儿身体发育不良，如扁平足、O 形腿、骨盆前倾、脊柱侧弯等问题；单一项目的长期练习与幼儿的心理发展不相适应，造成幼儿没有学习兴趣，进而产生心理倦怠；单一项目的长期练习是大量动作重复的刻意练习，不符合幼儿动作技能全面发展的要求，不利于幼儿各项运动技能的平衡发展。为此，本研究基于幼儿的动作发展规律，通过实践科学地.制定了幼儿的体育教学内容，最终形成了这本书，希望本书能够有效指导幼儿教师的体育教学，全面促进幼儿的健康发展，为落实《"健康中国 2030"规划纲要》贡献力量。

贾富池

---

① 田恒行，宗辰珺，孙铭珠.儿童基本运动技能学习的现实意义、基本要求与落实策略：基于《义务教育体育与健康课程标准（2022 年版）》的分析 [J].体育教育学刊，2022，38(4)：34-40.

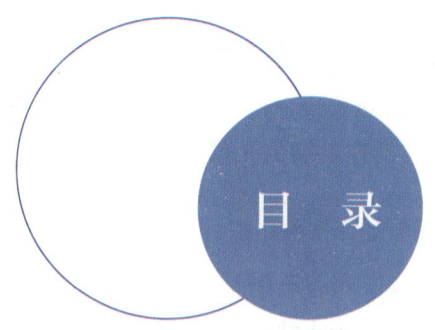

目　录

第一章　动作发展

第二章　动作发展视域下的幼儿体育教学内容与方法

第三章　幼儿体育教学注意事项

第一章　动作发展

第一节　动作发展的概念

动作发展在《大百科全书 心理学》中的定义："由神经中枢、神经、肌肉协调控制的身体动作的发展。"在《人类动作发展概论》中定义："人类一生动作行为的变化及这些变化的过程。"动作发展是促进人类全面发展不可或缺的一部分。本书中"动作发展"概念源于《人类动作发展概论》中对其的定义。

第二节　动作发展的规律

动作是人类赖以生存和发展的基本技能，婴幼儿动作发展是否充分对其今后运动能力能否良好发展至关重要。动作发展呈现出由简单到复杂、由低级到高级、由窄到宽、由易到难、由慢到快的规律性。按照生理年龄划分动作发展，主要经历了4个时期10个阶段，即反射动作期（受孕至出生，其中受孕及受孕后4个月为信息编码阶段；受孕后的4个月至出生为信息解码阶段）、预先适应期（出生至2岁，其中出生至1岁为反射抑制阶段；1～2岁为预先控制阶段）、基本动作模式期（2～7岁，其中2～3岁为动作启蒙阶段；4～5岁为动作初级阶段；6～7岁为动作成熟阶段）、竞技技能期（7～14岁以上，其中7～10岁为普遍过渡阶段；11～13岁为具体专一化阶段；14岁以上为专业竞技阶段）。具体动作发展的阶段示意图如图1-2-1所示。

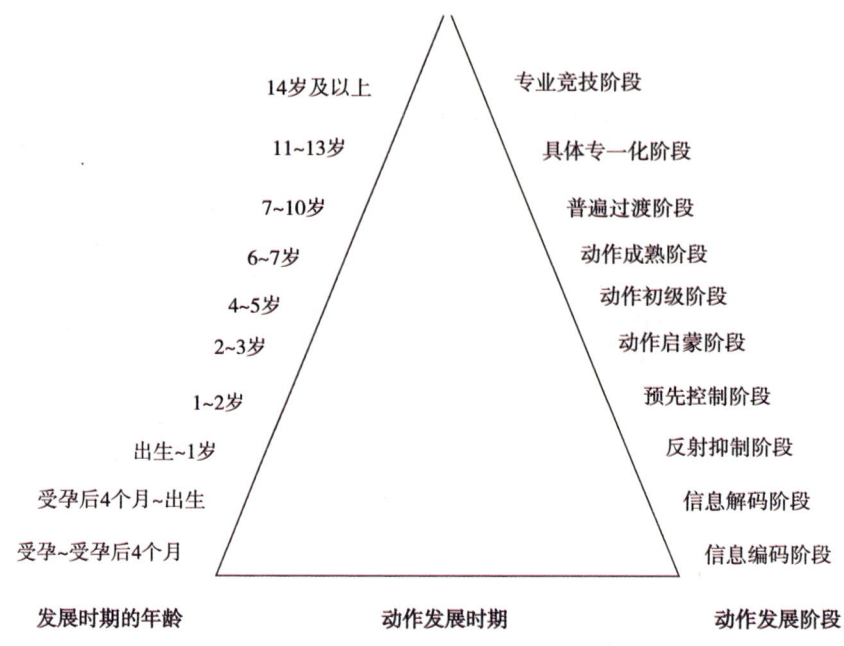

图 1-2-1　动作发展的阶段

一、反射动作期

反射是对外来特定刺激产生的不自主的、刻板的动作反应。一般婴儿期反射的一个重要功能是为了生存和自我保护。比如当婴儿俯卧时，他的呼吸有可能被支撑面所堵塞，迷路翻正反射能够使婴儿伸张颈部，从而改变头的位置以保持呼吸顺畅。健康的足月的新生儿出生时就拥有一系列的反射以保证自己能够生存，比如觅食反射和吸吮反射。对于活动能力非常有限的婴儿来说，反射也是婴儿与外界进行交流的一种方式。刺激引起一个动作反应，这个反应会带来与外界环境相关的回馈；另外，婴儿刻板的反射动作会形成原始协调模式，对其后面动作技能的发展是非常重要的。大多数姿势反射被认为与以后的姿势和移动的控制的发展有关，在婴儿形成自主动作之前，婴儿期反射使得婴儿能够练习协调的动作。例如，在婴儿早期就"练习"走路反射的婴儿，要比那些没有在早期"练习"的婴儿先学会走路。

这一时期,新生儿的动作看起来通常是无目的的和自发产生的。例如,婴儿躺在床上时会随机地踢腿或者在空中挥舞手臂。某些动作是自发的,而某些动作实际上属于刻板的动作模式,这些动作反应叫作反射。如果给婴儿一个特殊的刺激,将会引出婴儿刻板的动作反应。例如,轻轻地触摸婴儿一侧的脸颊,他就会把头转向触摸的那个方向;同样,如果你将手指伸入婴儿的手掌中,他就会握住你的手指。刻板动作和自发动作都是"反射动作期"典型的动作行为。反射动作时期开始于妊娠的第三个月,在出生后大约两周岁时,婴儿获得自主控制动作的能力后,这些反射会变弱并且逐渐消失,但保护性反射在人的整个生命期间一直保持着。因为反射是动作发展的核心基石,并且常常用于检查婴儿神经系统的完整性。

婴儿期的反射是由脊髓或低级的大脑中枢控制,随着中枢神经系统的发展成熟,更高级的大脑中枢将控制更低级的中枢部分,通过抑制反射的发生从而实现自主的动作。例如,婴儿行走动作的发展经历了从纯粹的反射动作,到紊乱的步行动作,再到最终获得独立行走的能力。反射动作只能代表婴儿动作行为很小的一部分,新生儿最经常表现出的是自发动作,如踢腿、挥动手臂和摇摆躯干。这些自发动作的模式相对固定,所以又常常被称为刻板动作。自发动作不同于后来获得的自主动作,但是在动作发展上是相关的连续体。

二、预先适应期

预先适应期动作的发展开始于自主动作的出现(出生后第二周或第三周),并横跨生命中的第一年,直到婴儿能够独立行走和进食(大约一岁半)。这个时期动作发展的主要目标是获得独立的功能。这个时期的动作是预先适应的,但不是预先决定的,并且需要一些环境的支持来保证它们的出现。在预先适应期,婴儿发展的动作技能是后来动作行为的前身，并且是人类物种特有的。仅仅需要一点特定环境的支持，正常发育的婴儿就能以一种可预测的、普遍的、一致的顺序获得他们的基本动作技能。这些基本的动作技能称为动作的里程碑，每个动作在婴儿动作发展中都是标志性事件，具体如表1-2-1所示。

表1-2-1　预先适应时期的姿势和动作里程碑

序号	平均年龄	动作里程碑
1	2个星期	俯卧位时将头转向侧方
2	2.5个月	俯卧位时将头和前胸抬离支撑面
3	4个月	从仰卧位翻滚为侧卧位
4	4.5个月	手臂支撑着俯卧
5	4.5个月	双臂支撑在支撑面上坐立
6	5个月	弓着背躯干前倾地独立坐着
7	5.5个月	从仰卧位翻滚为俯卧位（不伴随躯干的旋转）
8	6个月	背部挺直地独立地坐着
9	7个月	从仰卧位翻滚为俯卧位（伴随躯干的旋转）
10	7.5个月	腹部与支撑面保持接触的爬行
11	8个月	拉站（自己从坐位拉到站立位）
12	8.5个月	腹部脱离支撑面，依靠手和膝部进行爬行
13	9个月	扶物行走
14	10.5个月	独自站立
15	11个月	连续地独立行走三步
16	12个月	弯腰后能站立起来
17	13个月	弯腰后能平稳地恢复站立
18	14个月	自己可以蹲，但不熟练
19	15个月	自如地独自站立
20	16个月	站立时可以抬起一只脚，做踢的动作

续 表

序号	平均年龄	动作里程碑
21	17 个月	蹲坐自如
22	18 个月	能够举手过肩扔球
23	19 个月	不扶栏杆上台阶 1 ~ 2 级
24	20 个月	能挥动手臂扔球
25	21 个月	能够蹲着玩
26	22 个月	能够向前踢球
27	23 个月	能够双手扶栏杆下楼
28	24 个月	能够双足并拢跳

三、基本动作模式期

随着婴儿行走的开始，预先适应期大肌肉群的动作发展就结束了，接下来开始下一时期的发展，即基本动作模式期。这个时期是 2 ~ 7 岁，幼儿进一步掌握第一年所获得的基本动作技能，习得以后动作技能发展所必需的动作协调模式。这个时期发展形成的基本动作技能可以分为移动类动作（走、跑、跳、滑、攀、爬、滚、钻）、稳定类动作（下蹲、缓冲、伸展、屈体、转体、支撑、平衡、悬垂）、操作类动作（投、抛、拍、踢、接、击）。这一时期是通过获得身体协调动作模式为后面的竞技活动、舞蹈、游戏、比赛等打下动作技能的基础。

四、竞技技能期

这一时期个体已经具备一定的专项能力，但还不够熟练和精益。在整个竞技技能期始终是一个幼儿动作技能不断提高的过程，直到获得最高的技能水平。在这一时期会存在一个代偿期，即随着年龄、运动损伤、个体身体功能变化等因素体现出的生物代偿现象。比如，肌肉功能发展不平衡，薄弱的肌群无法适应竞技运动过程中的高强度动作，为了完成这些动作就可能要动员其他肌肉参与以弥补不足，出现代偿现象。所以在这一时期应参加各种各样的体育活动，参与更多的体育项目，使身体全面发展，以便为 14 岁以后从事专业竞技运动奠定基础。

第三节　动作发展序列

动作发展序列是指出现在上肢、躯干、下肢等特定身体部位动作行为的特殊特征，是个体在不同生理年龄段由于成熟、学习、环境交互的影响而表现出不同的动作特征。这些特征按照先后顺序串联起来就是该动作发展的序列。动作整体发展序列是多数（常模 70% 以上）个体在学习一种动作或一项新的技能过程中表现出的一般的特征，这些特征的出现可以判断个体是否经历正常的发展过程，可以进而了解该学习发展过程中某个阶段的练习等行为。个体在不同发展阶段的动作转变被称为动作特征，动作特征是一些在特定环境中的动作方式，并且是幼儿在进行身体活动时自主展现的。动作发展与年龄密切相关，但并非由年龄决定，这种发展是一种质变，具有序列性；是不断累积的，具有一定的方向性；同时是受多种因素影响的、个性化的。

个体动作整体发展序列的形成过程中，是由不成熟、存在多余动作的起始，通过学习、练习、体悟等过程，个体在进行同一动作技能展现时达到半成熟、多余动作减少的阶段；进一步通过学习、练习、体悟等过程，个体同样进行该动作技能的展现时达到成熟、无多余动作的阶段，即成熟的技能水平阶段。个体经历动作学习过程中的这几个状态水平就是阶段性动作特征提炼的根基，即动作特征的来源。每种特定项目的基本动作技能稳定水平特征从最不成熟、不协调地多余动作的原始阶段，过渡到多余动作减少，逐渐协调地建立神经联系的巩固应用提炼阶段、再到更加成熟自动化阶段的发展过程。判断一个基本的动作技能形成与否最常用的方法即对该动作技能发展序列的辨别。基本动作技能整体发展阶段序列如图 1-3-1 所示。

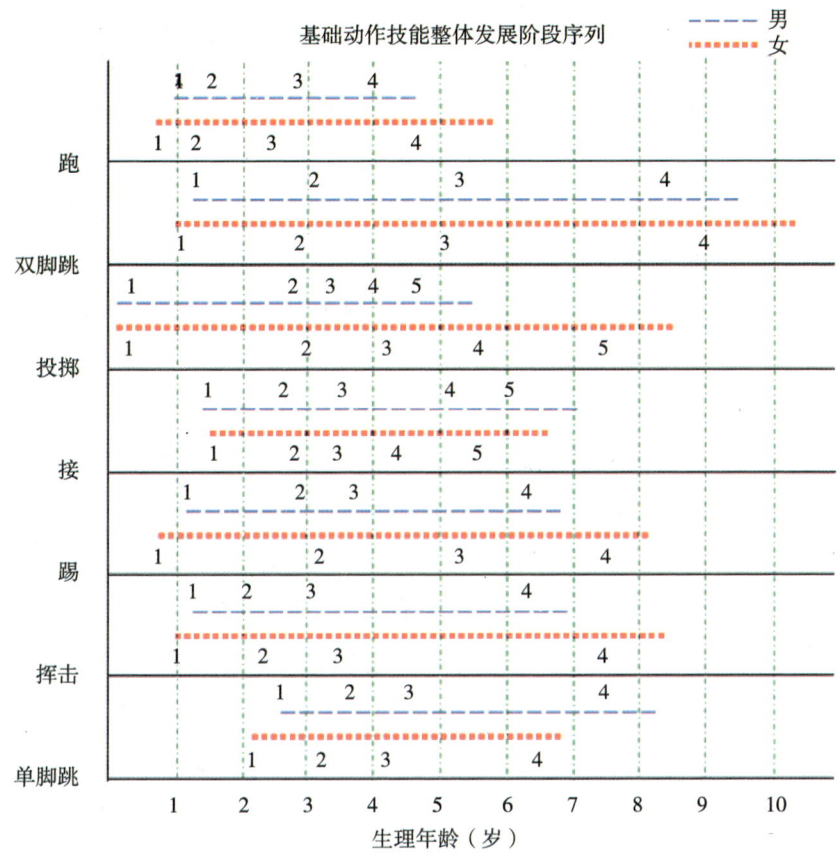

图 1-3-1　基本动作技能整体发展阶段序列

一、跑的动作发展序列

跑是位移技能的一种，是由两脚交替作为支撑点来推动身体向前位移的动作。跑步动作技能的发展，首先要求腿部有足够的力量推动身体向前和向上的运动，还需要具备动态中保持身体平衡的能力和协调双腿以保持连续稳定步伐的能力。

跑作为人的基本动作技能，几乎伴随着人生的大部分阶段。幼儿在1岁多开始学习跑，但在最初阶段只是走跑混合的移动方式，这一时期幼儿只有跑的外形而没有跑的腾空阶段。这一时期幼儿下肢力量较弱、平衡能力也差，跑动时头重脚轻、摇摇晃晃，很容易摔倒；跑动时具有步幅小、步频快、两脚着地间距宽的特征，这都是为了保持身体平衡。2岁半以后，幼儿跑时的腾空阶段已经很明显，但步幅小而不均，一般为50～60厘米；步频快，每秒4步左右；后蹬角度大，好像跳着跑，落地重；上体较直，多是直臂摆动，摆动幅度小，与腿的动作配合不甚协调；动作紧张，容易摔倒；速度慢，每秒2.5米左右；启动慢，转弯、停止、躲闪障碍都比较费劲；跑动方向控制不好，耐力很差。4～5岁这一阶段幼儿跑的能力发展很快，到6岁时，早期跑的特点基本消失，步幅增大，90～100厘米，但仍保持较高的步频，每秒4步左右。身体前倾角度接近成人的跑步水平，动作比较协调、放松，启动时速度较快，控制能力显著提高。在跑动中转弯、停止、躲闪都比较灵活。跑速也有较大幅度的提升，主要靠增大步幅提升跑速，快跑时能达到每秒4米左右。在幼儿园阶段正是跑的成熟动作发展的重要时期。男性幼儿的跑步速度略快于女性幼儿。

第一阶段：手架起来，颤颤巍巍，跑不了几步就要倒。手架起来主要有三个作用：一是保持平衡，二是保护自己防止摔倒，三是指引方向；就像小企鹅架起翅膀跑。如图1-3-2所示。

图1-3-2 跑的动作发展第一阶段

第二阶段：手稍微降低了，但还是不太平衡，还需要伸手保护自己，腿更有力量了，双脚有腾空趋势，能控制自己，跑步时全掌着地，使劲踩，跑的距离也更长了。如图 1-3-3 所示。

图 1-3-3　跑的动作发展第二阶段

第三阶段：手放下来了，开始摆臂，腾空趋势更大，身体也前倾了，手脚相对协调，跑步声音变小，但摆臂很少屈肘，直愣愣地跑。如图 1-3-4 所示。

图 1-3-4　跑的动作发展第三阶段

第四阶段：身体前倾，手脚协调，腾空更高，跑步声音更小，看着身轻如燕。像风火轮一样跑，步频加快，动作更加流畅。如图 1-3-5 所示。

图 1-3-5　跑的动作发展第四阶段

二、跳的动作发展序列

跳是一种身体弹射技能，它包括双脚的腾空及落地。为了高质量地完成这种爆发性的位移动作，应具备良好的下肢力量和保持身体平衡的能力。起跳时，手臂、腿、躯干必须协调一致，在空中时不断调整彼此的位置，并在落地时做好缓冲动作。

1. 立定跳远动作发展序列

在幼儿立定跳远早期，跳跃时还不能做到腿部完全伸展，他们把腿置于身体下方。之后，随着技术的不断成熟，腿部开始充分伸展，身体前倾也接近45°。在立定跳远起跳的瞬间身体前倾会失去平衡，继而通过手臂和躯干向上或向后的移动来保持平衡。通过不断地练习，当身体处于前倾的起跳位置时，他们就能通过手臂向前上方的快速摆动来产生水平移动方向的推动力。男生立定跳远动作由学习阶段到成熟掌握阶段是 1～8.5 岁，女生是 1～9 岁。

第一阶段：屈膝不足，动作连贯性差，手臂摆动幅度小，动作不协调，没有向前上方摆动的意识。如图1-3-6所示。

图1-3-6　立定跳远动作发展第一阶段

第二阶段：手臂摆动幅度加大，并积极向头上摆动，但手臂的伸展度不够完全。如图1-3-7所示。

图1-3-7　立定跳远动作发展第二阶段

第三阶段：手臂前后摆动幅度进一步加大，腿部蹬伸更加充分，但手臂、腿的伸展度还不够完全。如图 1-3-8 所示。

图 1-3-8 立定跳远动作发展第三阶段

第四阶段：起跳前预摆幅度大，膝关节会随摆臂有节奏的弯曲。起跳时手臂向前上方摆动更加积极，腿蹬伸充分，躯干在腾空时充分伸展，上下肢配合协调。如图 1-3-9 所示。

图 1-3-9 立定跳远动作发展第四阶段

2. 单脚跳动作发展序列

单脚跳是一项费力的活动，它要求一侧下肢在起跳时用力，着地时缓冲，接着在下一次起跳时用更大的力。由于这个原因，单脚跳比跑更难。但这项练习可以有效发展幼儿的下肢力量、身体协调性、平衡能力，以及节奏感。男生单脚跳动作由学习阶段到成熟掌握阶段是 2.5 ~ 6.5 岁，女生是 2.1 ~ 6.2 岁。

第一阶段：非支撑腿的大腿置于身体前面与地面水平，膝关节弯曲，双臂保持贴近肩部的状态跳离地面。如图 1-3-10 所示。

图 1-3-10 单脚跳动作发展第一阶段

第二阶段：非支撑腿的大腿移至与地面成斜线的位置，这样可以使脚落在身体下方或者稍微置于支撑腿后侧，跳跃时两侧手臂上摆，但幅度较小。如图 1-3-11 所示。

图 1-3-11 单脚跳动作发展第二阶段

第三阶段：把非支撑腿摆直，使脚置后于身体，帮助跳跃者跳跃时身体前倾，手臂与运动方向一致性摆动。如图 1-3-12 所示。

图 1-3-12 单脚跳动作发展第三阶段

第四阶段：当单脚跳时，非支撑腿前后摆动，支撑腿在起跳时完全伸展，落地时弯曲缓冲，手臂动作方向与摆动腿相反，以获得较大的蹬地反作用力。如图 1-3-13 所示。

图 1-3-13　单脚跳动作发展第四阶段

三、投的动作发展序列

投是体育活动中常用的基本动作技能之一，投的动作包含：下手投、双手投、上手投等，其中上手投在现实生活中用到的机会更多。从表面上看，投属于大肌肉动作技能，但是在精确投掷动作中，手腕和手指等精细动作技能是非常重要的。

上手投掷动作的发展分为以下五个阶段。

第一阶段：这个阶段幼儿投掷时面向前方，双脚是静止的，躯干没有扭动，投掷的动作只靠手臂挥动来完成，类似于"砍切"的动作，因此效率非常低下。不足 1 岁的幼儿在能够站立时，就能做出"砍切"的早期投掷模式（球举在耳旁，手臂向下砍）。如图 1-3-14 所示。

图 1-3-14　上手投的动作发展第一阶段

第二阶段：这个阶段幼儿投掷时躯干成组块转体，手臂上挥，并挥至身体前侧，类似于"扔"。男孩的动作熟练程度好于女孩。如图 1-3-15 所示。

图 1-3-15　上手投的动作发展第二阶段

第三阶段：这个阶段幼儿能够采用同侧跨步（同手同脚）的动作模式，手臂高挥，通过躯干小幅度扭转来完成投掷。如图 1-3-16 所示。

图 1-3-16　上手投的动作发展第三阶段

第四阶段：这个阶段幼儿能够通过异侧跨步、异侧上步，躯干小幅度扭转，手臂高挥的方式增加工作距离来提升投掷远度。如图 1-3-17 所示。

图 1-3-17　上手投的动作发展第四阶段

第五阶段：这个阶段的投掷者技术已非常成熟，可以分层次地通过异侧上步，转动躯干，由下肢发力过渡到腰腹、胸部、上肢、手依次发力来增加球速，最后高挥手臂投出。身体的各个部位的所有动作联动起来就会产生巨大的力量，手作为最后的发力部位，手臂和手必须利用整个身体所产生的力量，并通过后继动作将之发挥出来。一般男孩 5 岁多就能达到这一水平，而女孩 8 岁多才能达到这一水平。如图 1-3-18 所示。

图 1-3-18　上手投的动作发展第五阶段

动作的序列能直观地反映在某个时间段内动作发展的情况。基础动作发展的状况可以影响人一生的成长，跑、跳、投作为各项运动的基础，对于其他各个项目动作发展也具有参考价值。

四、接的动作发展序列

在运动、竞赛、日常活动中，接是一个常见的动作技能，是一项用手的操作动作，并以抓住物体为目标的活动。幼儿需要一系列技能才能接到球，包括手眼的协调、用眼来跟踪物体的能力、连贯地预期并截获物体，运用感性的意识，通过手指的操作能力来接住动态物体。在接球的动作技能中，接球手最重要的就是能够跟踪和预测球的轨迹，并调整自己的身体位置和姿势成功地接到球。在具体的动作中，手指、手掌、手臂要同时对球施加力量，以削弱接到球时球的冲击力。这里以双手接球为例。

在双手接球的动作技能发展过程中，女孩要先于男孩，这是幼儿诸多动作技能的发展中比较少见的。在最初教幼儿接球动作时，应选用大一点的球来进行练习，这样幼儿更容易接住，有助于建立幼儿成功的信心和增加学习的动力。当幼儿能够用手轻松接住大球时，再换成相对小一点的球，这样循序渐进地使球越来越小，球速越来越快，来加强幼儿精细动作和手眼配合能力的训练。开始用大球是因为这时的幼儿还不具备对来球的跟踪能力，并缺乏精细动作技能，因此对移动物体的控制能力比较弱。

幼儿在接一个球时，最先采用搂抱的方式是将球搂在怀里，随着个体发展，逐渐可以用两只手接球。幼儿接球动作的发展主要经历以下四个阶段。

第一阶段：这个阶段幼儿双手接球存在延迟反应，接球时会将手臂放在身体前面，当球击中手臂时才把球往怀里搂，但为时已晚。如图1-3-19 所示。

图 1-3-19　接的动作发展第一阶段

第二阶段：这个阶段幼儿双脚原地或跨出一步，手臂向两侧伸展，然后做一个弧线的画圈动作，借助胸部，通过搂抱来接球。如图1-3-20所示。

图 1-3-20　接的动作发展第二阶段

第三阶段：这个阶段幼儿双脚原地或移动一步，手臂前伸到球的下方，用胸将球抱住。如图 1-3-21 所示。

图 1-3-21 接的动作发展第三阶段

第四阶段：这个阶段幼儿能够根据球的轨迹移动身体，手臂伸展迎球，双手接球。如图 1-3-22 所示。

图 1-3-22 接的动作发展第四阶段

五、踢的动作发展序列

踢是用脚来击打的一种动作形式。许多运动都包含踢的技术，踢的方式也是多种多样，最受欢迎的项目就是足球。踢的动作必须具备眼足协调、平衡、感知动作的能力才能够踢好。踢球动作无论男孩女孩都是出现在出生后的第 20 个月，男孩的表现要好于女孩，这个趋势随着年龄的增长而变得更加明显。男孩在踢球动作技能的发展中显示出了较大的优势，这个优势不仅体现在动作过程的发展中，还体现在动作的表现结果中，男孩比女孩踢得更远。

1. 原地踢定位球

原地踢定位球动作分为四个发展阶段。

第一阶段：这个阶段幼儿处于技能发展萌芽期，这一时期幼儿静止地站在球的后面，抬起腿把球碰向不远处，手臂和腿的摆动幅度很小，原地用脚推球。如图 1-3-23 所示。

图 1-3-23 原地踢定位球的动作发展第一阶段

第二阶段：这个阶段幼儿仍静止地站在球的后面，与第一阶段相比手臂和腿有向后、向前积极摆动的表现，且摆动幅度加大，腿抬得更高，球踢得更远。如图 1-3-24 所示。

图 1-3-24 原地踢定位球的动作发展第二阶段

第三阶段：这个阶段幼儿出现上步踢球模式或加助跑的踢球模式，会做出将腿部摆动到躯干后部的动作，开始发力踢球，进而将球用力踢出。如图 1-3-25 所示。

图 1-3-25 原地踢定位球的动作发展第三阶段

第四阶段：这个阶段幼儿能运用支撑腿大跨步或跳跃步的动作接近球，踢球腿用力摆动触球，并用跟随动作来缓冲踢球时产生的冲击力，手臂反向运动以对抗腿的转动惯量对身体稳定性的影响。如图1-3-26所示。

图1-3-26　原地踢定位球的动作发展第四阶段

2. 踢凌空球

踢凌空球也是踢的一项重要动作技能，它是指用脚击打空中球，特别是指踢球者自己抛落的空中球。这要求幼儿将球准确地抛落到脚前，以便能够踢到它。踢凌空球是一项复杂的技术，它需要眼、手、足之间的协调、平衡，以及具备相应的感知动作能力才能很好地完成。踢凌空球动作分为四个发展阶段。

第一阶段：这个阶段幼儿身体原地不动，双手抛球时也不稳定，将球向上抛出，踢球腿无后摆动作，将球推出。如图1-3-27所示。

图1-3-27　踢凌空球动作发展第一阶段

第二阶段：这个阶段幼儿准备姿势保持身体原地不动，双手抛球时仍然不稳定，将球从胸高处下落，踢球腿有向后摆动动作，试图用力踢球。如图1-3-28所示。

图 1-3-28　踢凌空球动作发展第二阶段

第三阶段：这个阶段幼儿支撑腿预先踏出一步，双手从齐腰处抛球或坠落球，踢球腿用力由后侧向前摆动踢球。如图 1-3-29 所示。

图 1-3-29　踢凌空球动作发展第三阶段

第四阶段：这个阶段幼儿踢球前支撑腿大跨步向前，增加预速度，对侧手单手将球抛出，踢球腿大腿带动小腿用力向前摆动，加大力度踢凌空球，而后缓冲落地。如图 1-3-30 所示。

图 1-3-30　踢凌空球动作发展第四阶段

六、挥击动作发展序列

挥击也是对球类用力的技能，有很多种运动形式，常见的挥击形式包括侧击、下手击、上手击、单手击、双手击。最初的挥击形式，可以让幼儿用手或短拍等挥击气球，他们可以用单手或者双手去完成挥击动作。要想完成挥击一个物体的动作，手眼之间的协调很重要，因为它是连续跟踪和拦截物体的基本保证。当幼儿试着去支配比身体远端（手）更远的物体（球棒）去准确击打球的时候，需要更大的努力才能感知到球棒在三维空间的位置。对他们来说，这是一个复杂而具有挑战性的任务，因为他们要感知球棒远端的空间位置，并且努力试图精确地使球棒远端碰到球。在这种情况下，幼儿往往需要换成较短的球棒，或抓住球棒中间的位置来降低任务的难度。当幼儿经过训练能够熟练掌握挥击动作后，再逐步提升难度。成熟的挥击动作能够通过调整身体、手臂、器材，并能将三者协调起来迎击来球。幼儿挥击动作发展主要经历以下四个阶段。

第一阶段：这个阶段幼儿处于技能发展萌芽期，双脚原地不动，用球棒将球"砍出"。如图 1-3-31 所示。

图 1-3-31 挥击动作发展第一阶段

第二阶段：这个阶段幼儿双脚原地不动或者迈出一小步，躯干有一定的转体动作，双手挥动球棒将球水平推出。如图 1-3-32 所示。

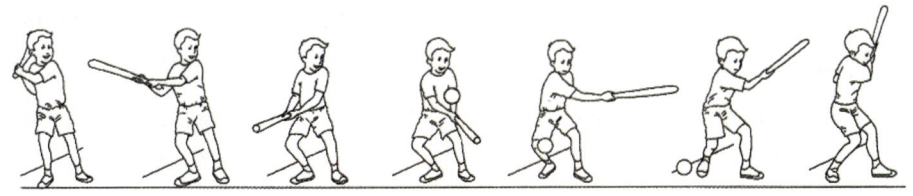

图 1-3-32 挥击动作发展第二阶段

第三阶段：这个阶段幼儿迈出同侧腿，斜向下挥动球棒来击球。如图 1-3-33 所示。

图 1-3-33 挥击动作发展第三阶段

第四阶段：这个阶段幼儿会迈出异侧腿，并转动躯体和手臂，有层次地通过下肢、腰腹、手臂的力量挥动球棒击球。如图 1-3-34 所示。

图 1-3-34 挥击动作发展第四阶段

第四节 运动技能发展与动作发展的关系

运动技能是个体在体育活动中完成各种运动动作的能力，属于动作发展的范畴，是个体动作发展到一定阶段的产物。其与动作技能的相同之处在于都反映了个体完成某些动作的能力；其差别主要在于，运动技能的外延较窄，更聚焦于体育活动中的运动动作，而动作技能的外延包含体育活动和生活中各种动作（用筷子、系鞋带、弹钢琴、拉小提琴等）。因此，从这个角度来讲，运动技能属于动作技能，动作技能包含运动技能，两者的关系如图 1-4-1 所示。

图 1-4-1　运动技能与动作技能的关系

第五节　身体姿态发展与动作发展的关系

　　身体姿态是人体在先天遗传和后天影响的基础上所表现出来的身体外部相对稳定的形态和特征。身体姿态会对幼儿生长发育及健康水平产生重要影响,不良身体姿态包括圆肩、驼背、脊柱侧弯、骨盆前倾、骨盆侧倾、O形腿、扁平足,等等,不仅严重影响幼儿的生长发育及健康水平,也会严重影响幼儿动作发展质量;反过来动作发展也会影响身体姿态,正常的孩子出生时都是O形腿、平足,脊柱也类似一条直线,没有颈曲、胸凸、腰曲,正常的腿型、足弓、脊柱均需要在动作的正常发展中逐步形成。

一、足弓形成与动作发展的关系

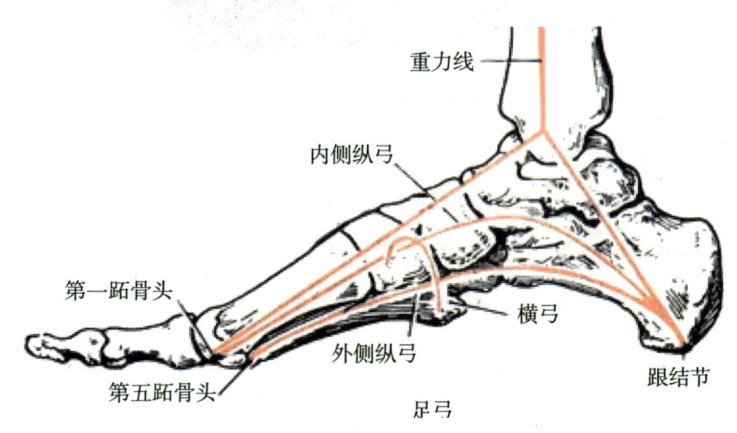

图 1-5-1　足弓构成

人是脊椎动物之中唯一有足弓的生物。足弓由 7 块跗骨和 5 块跖骨凭借足底肌肉、韧带连接而成。足弓可分为前后方向的纵弓和内外方向的横弓，如图 1-5-1 所示。纵弓又可分为内侧纵弓和外侧纵弓。内侧纵弓由跟骨、距骨、舟骨、三块楔骨及第 1～3 跖骨构成。此弓较高，有较大的弹性，故又称弹性足弓，可以起缓冲震荡的作用。外侧纵弓由跟骨、骰骨及第 4、5 跖骨构成。此弓较低，弹性较差，主要与维持身体直立姿势有关，故又称支持弓。横弓由三块楔骨、骰骨及距骨的后部构成。足弓可以使重力从踝关节经距骨向前分散到跖骨小头，向后传向跟骨，以保证直立时足底支撑的稳固性，并起着缓冲地面对人体的冲力及减轻行走、跑、跳时对脊柱、大脑震荡的作用。同时还保护足底的血管、神经免受压迫，从而被视为"天然减震器"。

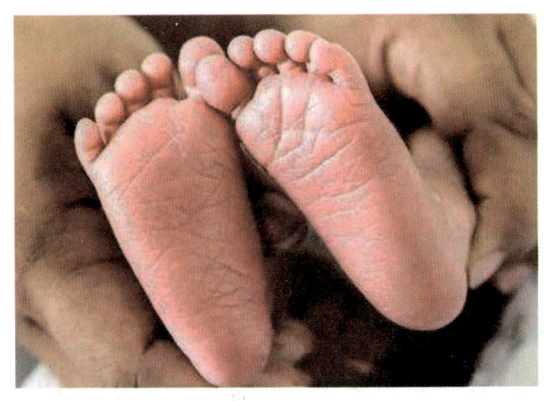

图 1-5-2　幼儿足底

但足弓不是人生来就有的，刚出生的婴儿是没有足弓的，如图 1-5-2 所示。一是因为足部的骨骼骨化程度不足，支撑力不够；二是因为足底脂肪较多，肌肉力量发展不足。足弓的发育需要有足够的足底刺激才能够逐步形成，这一过程分为四个阶段。

1. 第一阶段（1～3 岁）

这一阶段从婴儿直立行走开始，足部的骨骼 70% 左右仍然为软骨，足底仍有较厚的脂肪垫，光滑富有弹性，足底呈扁平状态，属于生理性扁平足，足弓尚未形成，家长也无须担心。

2. 第二阶段（3 ~ 6 岁）

此阶段是孩子足部成长、足弓形成的关键期，也是黄金期。此时幼儿足底脂肪垫开始逐渐消退，足底的掌纹会逐渐增多，足部骨骼开始出现骨化，肌肉韧带逐渐稳定发展，步行稳定性变好，足弓会在运动对足底的刺激下逐步形成，但形成的质量还不高。因此，在这一阶段要注意有意识地多让孩子光脚在沙地进行一些走、跑、跳的练习。

3. 第三阶段（6 ~ 10 岁）

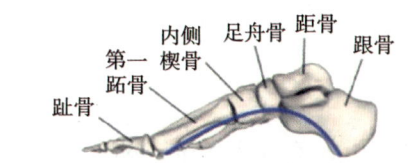

图 1-5-3　足弓骨骼构成

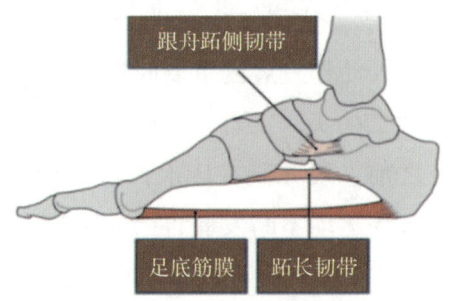

图 1-5-4　足弓韧带构成

足弓形成的三要素骨骼（跟骨、距骨、足舟骨等，如图 1-5-3 所示）、韧带（跟舟跖侧韧带、足底筋膜、跖长韧带，如图 1-5-4 所示）、肌肉（胫骨后肌、胫骨前肌、腓骨长肌、拇长屈肌、拇短屈肌）在此阶段发育渐渐成熟，骨骼骨化进一步完成，韧带、肌肉进一步发展强化，足弓形态慢慢由发展期向稳定期靠拢，掌纹增多，稳定性更好。此时儿童正处于小学阶段，如果在体育教学中有意识地通过非稳定性支撑（沙地、海绵垫等）增加学生赤足跑、跳的练习（因运动鞋良好的弹性保护，不利于对足底产生足够刺激），对学生足底有意增加刺激，将有助于学生足弓良好发育。

4. 第四阶段（10～13岁）

这一阶段足部形态发育完全成熟，足弓形成已稳定。在学生超过13岁之后，如果足部仍然处于扁平的状态，没有足弓的形成，或已形成结构性扁平足。

二、腿型与动作发展的关系

1. 第一阶段（0～1岁）

刚出生的婴儿双腿的弧度非常明显，都是"O形腿"，这是因为妈妈们怀孕期间，胎儿就是蜷缩在妈妈肚子里的，因为长期的蜷缩，所以出生后宝宝的腿都呈O形，这属于生理性O形腿，是发育初期的正常表现。出生后，婴儿进入动作发展的重要时期，这些动作的发展呈现一定的规律——一般是"二抬头、三翻、六坐、七滚、八爬、十站、周岁走"。在三个月翻身之前，婴儿躺在床上，这个期间婴儿会通过蹬腿、摆动手臂、摇头、抬头等运动不断发展自己的力量，为后续的动作发展奠定基础，这一时期也是腿型自我矫正的开始；婴儿八个月时开始爬行，腿型进一步自我矫正，但这还远远不够；十个月婴儿扶着物体站起，开始行走，至此进入O形腿自我矫正最重要的时期。

2. 第二阶段（1～3岁）

婴儿1岁时可以独立行走，行走是人类最重要的和最有意义的物种特性之一。行走不仅要保持身体直立的姿势，而且要将重心由一侧转移到另一侧，并保持一只或两只脚始终与地面接触。这就需要婴儿不断地去调整身体平衡，发展下肢力量，平衡下肢力量。独立行走的发展不仅需要足够的肌肉力量和强度，以便在重力的作用下支持整个身体，也是多个系统（感觉统合系统、神经系统、肌肉与骨骼系统、认知系统）协同发展的结果。当婴儿尝试独立行走时，他（她）的步伐很不稳定，"头重脚轻根底浅"，不断发生跌倒，很多家长怕孩子磕着碰着，把孩子放到"学步车"里，这样再也不用担心孩子摔倒了。殊不知这一时期是孩子腿部力量、感觉统合系统不断发展、平衡，腿型自我矫正的关键期，这样做会造成孩子后续生长发育一系列的问题，比如 O 形腿、OX 形腿、平衡能力差、专注力不足等问题。如果让孩子自然生长，婴儿对行走的控制力持续发展，步态会逐步稳健，经过逐步发展后逐渐掌握奔跑、跳跃等动作，腿型在这一过程中会自然完成矫正。

3. 第三阶段（3 ~ 6 岁）

在腿型完成自我矫正后，为了适应生理需求，会发生"过矫"问题，就是矫正过度，由"O 形腿"变成"X 形腿"，这属于正常发育现象。

4. 第四阶段（约 7 岁）

"过矫"后形成的"X 形腿"，在这一阶段会自我完成矫正，重新变直。如果学生在 7 岁时腿型不正常，就应当及时干预矫正了。不良腿型（O 形腿、X 形腿、OX 形腿等）的发生与运动项目及坐姿有密切关系，过多（连续 3 ~ 6 个月只进行 1 项运动）地进行武术、足球运动易导致 O 型腿，蛙泳、轮滑易导致 X 形腿，乒乓球易导致 OX 形腿；长时间（连续 6 ~ 10 个月只进行 1 种坐姿）地盘腿坐易导致 O 形腿，"W"坐易导致 X 形腿，跪地坐易导致 OX 形腿；当不良腿型发生时，首先应当查明产生的原因，并停止其危害，而后多进行一些蹲伸、跳跃类练习，有助于腿型的恢复。

三、骨盆位置与动作发展的关系

1. 第一阶段（0～1岁）

图 1-5-5　上体抬起

刚出生的婴儿由于身体功能不足，前3个月只能躺在床上，在这段时间里婴儿会通过抬腿、蹬腿运动不断发展自己的腿部力量，但这些动作主要提升的是婴儿大腿前侧肌肉（股直肌、髂腰肌）力量，造成前后侧肌群链发展不平衡；3个月左右的婴儿随着身体功能的强大可以翻身，翻身后，婴儿会通过双手的支撑抬起头部和上体，在这一过程中会使腹直肌拉长变得松弛，如图1-5-5所示；6个月大的婴儿可以坐起来，保持长时间的坐姿，会导致大腿前侧的股直肌、髂腰肌收紧变短，而后侧的臀大肌、腘绳肌被按摩松弛变长。这一系列的动作发展过程，导致牵拉骨盆前旋的股直肌、髂腰肌变得越来越紧，力量越来越大，而使骨盆后旋的臀大肌、腘绳肌、腹直肌变得越来越松弛。所以，当孩子1岁站立行走时，都是挺着小肚子，这是由骨盆前倾造成的。但是这样也有一个好处，就是孩子在站立行走时，身体重心靠前，摔倒时会往前摔，这样有利于幼儿的自我保护。这可能也是人类进化中的重要一环。

2. 第二阶段（1～3岁）

这一阶段婴儿的移动类动作如走、跑、跳等动作相继得到发展，身体前后侧肌群也会得到相应发展，但前侧肌群链仍有显著优势。到 3 岁时，幼儿的骨盆前倾问题依然存在。

3. 第三阶段（3 ~ 6 岁）

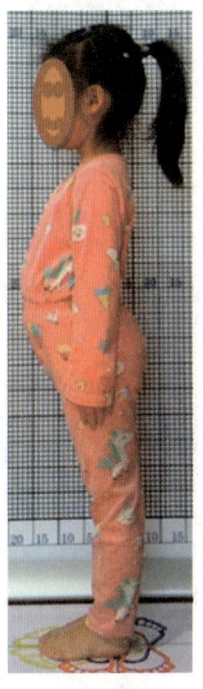

图 1-5-6　骨盆前倾

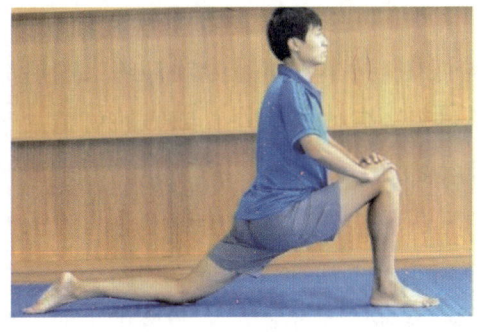

图 1-5-7　弓步压腿

图 1-5-8　臀桥

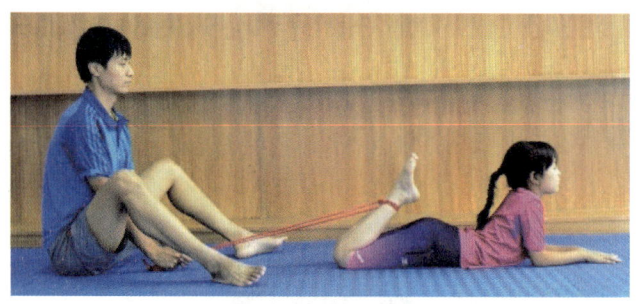

图 1-5-9　俯卧抗阻屈膝

　　这一阶段幼儿的基本动作得到进一步发展。如果幼儿在这一时期各类基本动作得到较好的发展，幼儿的骨盆前倾问题在 5～6 岁时就可以完成自我矫正。特别是移动类动作如奔跑、跳跃的发展，前侧股直肌、髂腰肌不断被拉伸舒展，后侧臀大肌、腘绳肌不断增强，使前后侧肌群链逐步平衡。但现实中，很多幼儿往往"静坐少动"、运动不足，或参与跆拳道、舞蹈培训班，过早地进行专项训练，这些都会导致大腿前侧的股直肌、髂腰肌过紧，后侧臀大肌、腘绳肌松弛，致使很多孩子 6 岁后还存在严重的骨盆前倾，如图 1-5-6 所示。这个时候就必须进行针对性矫正了。矫正的方法：首先通过弓步压腿等方法拉伸放松股直肌、髂腰肌，如图 1-5-7 所示；然后通过臀桥（如图 1-5-8 所示）、俯卧屈膝抗阻练习（如图 1-5-9 所示）来增强、收紧臀大肌、腘绳肌，就可以达到很好的矫正效果。

四、脊柱曲度与动作发展的关系

1.第一阶段（0～1岁）

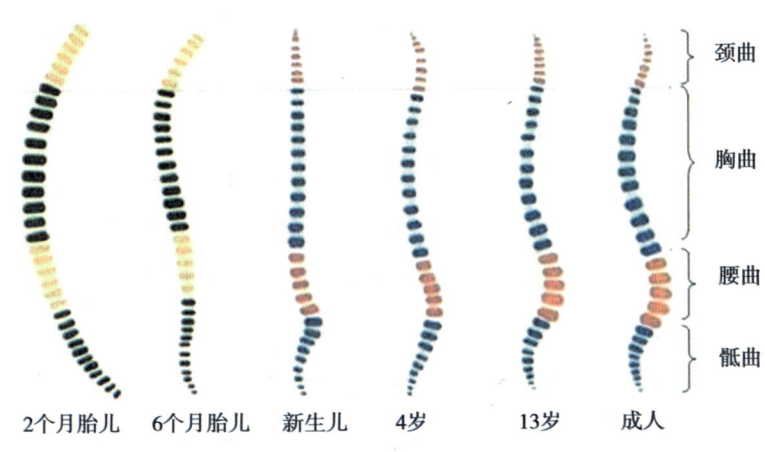

	颈曲
	胸曲
	腰曲
	骶曲

2个月胎儿　6个月胎儿　新生儿　4岁　13岁　成人

图 1-5-10　脊柱的发展过程

这一阶段虽然时间很短，却是脊柱发展的黄金期，这一时期脊柱发展不足，会给后续的脊柱健康造成难以挽回的影响。人体的脊柱有四个生理弯曲，分别是颈曲、胸曲、腰曲、骶曲。但其实在胎儿时期，脊柱只有向后凸出的曲度，如图 1-5-10 所示。脊柱的曲线分为原始曲线和次生曲线。在胚胎时期就存在的曲线，被称为原始曲线；孩子出生后在一系列的动作发展中形成的曲线，被称为次生曲线。原始曲线主要依靠骨骼本身的结构形状来维持曲度，它的活动度比较小；而次生曲线更依赖于肌筋膜的平衡来维持其曲度，所以它的活动度比较大。婴儿在出生时脊柱只有一个明显的生理弯曲——尾椎曲线。婴儿在 0～3 个月时，会躺在床上开始踢腿，就是做单腿上举或双腿上举。这些锻炼可以帮助宝宝们强健腹部和腰部的肌肉群，保证腹部的器官在正确的位置上。3个月时，婴儿腰腹部的肌肉已足够强壮，能够支撑腹内的器官了，婴儿开始学着翻身，翻过身以后不停地练习抬头，持续地抬头、低头练习会帮助婴儿强化颈部肌肉，同时发展出颈椎曲线，3～6 个月是颈椎的生理曲度形成的重要时期。接着，婴儿在趴着的状态下开始尝试抬起上半身，抬起腿，这些动作可以很好地锻炼婴儿的背部肌肉力量。如果背部肌肉不够强壮，当婴儿站立或者坐立的时候，下背部肌肉压力就会很大，腰椎会很容易受伤。通过不断抬起胸腔，使得背部肌肉变得更加强健，当 6 个月左右，婴儿就可以坐起来了。坐起来后的婴儿会做脊柱扭转的动作，扭转的动作可以很好地放松脊柱的肌肉，增加血液循环，增强脊柱的功能，消除腹趴时背部肌肉的紧张感，同时进一步促进胸凸和腰曲的形成。婴儿 8 个月左右开始学习爬行，"爬"是促进婴儿脊柱发展、身体协调性、平衡左右脑发展的重要动作。爬行时的抬头可以进一步促进颈曲的形成，上下肢的协调配合、身体的左右扭转可以有效促进胸凸和腰曲的形成。所以，爬行是婴儿张拉整体结构、促进脊柱发展的重要阶段。至此脊柱的四个生理弯曲已初步形成，但功能尚需完善。

2. 第二阶段（1 ~ 7 岁）

这一阶段是脊柱生理曲度功能不断强化与发展的重要时期，这一时期的运动——走、跑、跳、攀、爬、滚、钻、悬垂、平衡等不但可以有效发展脊柱周围的肌肉力量，而且可以不断提升脊柱的功能——颈椎、腰椎的稳定性进一步增强，胸椎的灵活性进一步提升。不断发展强化的脊柱会引导身体将重力线传递至双足，以增强身体的稳定性。这一时期正好处于基本动作模式期，应有意识地促进学生的基本动作发展，这对于脊柱的健康发展意义重大。

3. 第三阶段（8 ~ 13 岁）

这一阶段的运动项目、坐姿、站姿对脊柱的生理曲度发展影响很大，例如，舞蹈尤其是芭蕾训练会使腰曲进一步增大，而胸曲减小或消失；日常坐姿、站姿不正——弯腰驼背、头部前倾，都会引起胸椎后凸增大，而颈曲减小或变直。这一时期是学生骨骼生长发育的重要时期，一定要注意让学生养成良好的生活习惯，古语云"坐如钟、站如松、行如风、卧如弓"，即道出古人对良好身体姿态的基本要求；同时注意这一时期要让学生多从事几项运动，直到 13 岁骨骼基本发育完全，脊柱的形态稳定下来。只有良好曲度的脊柱才能既有柔韧性、弹性，又有承重能力；脊柱就像一个大型的弹簧，具有缓冲压力、减弱震荡的作用，还能保护大脑和内脏，生理曲度扩大了躯干重心在基底的面积，从而加强了直立姿势的稳定性，对人体有巨大的保护作用。

第六节　智力发展与动作发展的关系

幼儿惊人的活动和运动欲、永不停歇的发现欲和持续的尝试是这个阶段的标志。幼儿通过动作发现自己和世界，通过自己的身体和感官去适应周围的世界。动作是人类最重要、最基本的能力，也是个体思维能力和实践活动不可缺少的重要元素，人的发展也是起源于动作。动作发展与智力之间有着强有力的直接联系。很多研究表明，智力差的孩子积极参与涉及眼手协调、平衡性的运动训练可以有效提高感觉统合系统能力，提升智力水平。所以，智力不足可以通过感觉统合训练进行补救，而感觉统合训练就是动作训练，促进其动作的发展。

一、动作发展可以有效促进智力发展

胎儿出生后，其大脑结构与功能的发展具有很强的可塑性。衡量大脑发育的一个方法是看神经元的生长速度和信息处理速度，神经元的生长速度在儿童期增长最为显著，在 15 岁达到峰值。神经元的处理速度主要是受神经细胞轴突髓鞘化的程度影响。髓鞘是一种致密的脂肪组织，它对轴突可以起到绝缘层一样的效果，能加速电信号的传播速度而防止相邻的两根神经纤维之间的功能干扰。在儿童、青少年发展进程中，大脑神经元在不断进行突触修剪和髓鞘化。儿童通过学习、练习等行为可

以使他们获得不具备的能力，而大脑不会自动具备这些能力，只有通过学习才能获得，其本身就反映了大脑功能的可塑性。现代脑科学研究证明，动作学习可以使脑的结构和功能发生改变，即改变神经元、突触、脑的激活方式，提升智力、感知、协调等能力。皮亚杰以"感知觉运动阶段"来形容儿童认知发展的最初阶段。"儿童的智慧在手指头上"，大量研究也证明，手指的精细动作能充分刺激大脑皮层，增强大脑的灵活性，手脑并用能使婴幼儿心灵手巧。其次儿童在做动作时要靠神经的支配和调节，肌肉中的神经将各种刺激传入大脑，从而促进大脑的功能，使大脑对动作反应更加灵敏、协调。从生理学角度看，动作练习可以促进血液循环，加大携氧量，供给脑细胞更多的养料和氧气，这对儿童大脑的发育有很大的益处，从而促进其智力发展。

动作变化和脑的发展在人的一生中是相互影响的。小脑是精细动作发展的司令部。小脑相比于脑的其他区域发展比较慢也比较晚。出生前3个月到出生后的两年是小脑发育的关键期，小脑在整个幼儿期都是不断发展的，直到19岁才达到峰值，而大脑在16岁就会达到峰值。小脑负责协调尤其是微调快速和精确的动作，特别在多关节动作中负责调节复杂的动态动作过程；脑结构和动作行为间没有一对一的相关关系，脑的其他区域包括所有皮质和皮质下结构，也促进了动作的发展。动作技能发展水平高的儿童会拥有更高的智力水平和决策能力，且不受年龄的影响，当运动技能发展水平相当的时候，年龄小的儿童完全可以有与年龄较大的儿童同样的技战术水平。所以，应让儿童获得更多的动作技能发展的机会，而不必过多地去考虑他们的年龄。因此，对于那些专注力差，要提高学习能力和学习成绩的学生来讲，必须从改善感觉统合能力着手，而其关键在于合理选择和组织多元的感觉输入，促使感觉输入与身体运动良好结合。

二、动作发展促进智力发展的机制

运动看似简单，但是对大脑来说，即使最简单的运动也需要精确地计算物体的速度和轨迹。阿米特·卡特瓦拉的《运动大脑》一书中写道："捡起一枚棋子的运算能力，要远远大于决定一步棋的运算能力。"就运动时大脑的处理能力而言，运动并未获得应有的重视，运动本身就是一种智能形式。

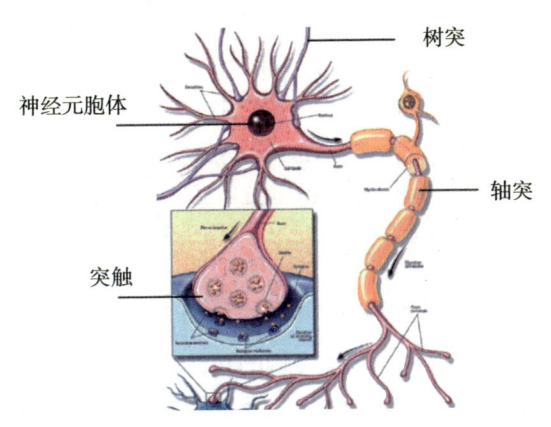

图 1-6-1 神经元、树突、轴突

人脑的确是个奇迹，相对于身体的比例，人脑几乎比地球上任何动物的大脑大两倍，并且拥有巨大的能量。大脑包括超过 1000 亿个神经元和小分叉的线状神经细胞。每一个神经元都像一颗连根拔起的树，树根叫作树突，又细又长，它们从其他神经元收集信号，如图 1-6-1 所示。每个神经元相反的一端是更长更细的轴突，它们在顶端分叉，把信号传递给其他神经元。在单个神经元的轴突和下一个树突之间有一个叫作突触的间隙。这是电脉冲无法穿过的间隙，因此当一个神经元受到刺激时，它会释放出神经递质，神经递质的化学信使漂浮在间隙中，用以把信息传递给下一个神经元，并触发它，使它放电。所有单一的神经元都能沿着其路径独立地发出电脉冲，像一束转瞬即逝的小光点。最重要的是神经元之间的连接点：一些神经元触发其他神经元，进而对来自身体其他部位的输入信号做出反应，这是数以亿计的微小开关创造思维和行为的整体模式。

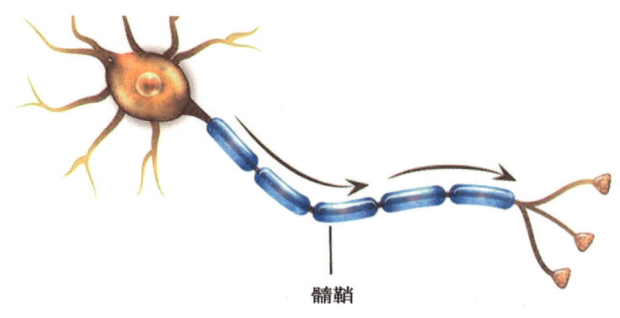

髓鞘

图 1-6-2　髓鞘

一个神经元就像一根电线。绝缘的导线意味着内部的电流会更快、更高效地流动。髓鞘质是人体的绝缘体，如图 1-6-2 所示。突触的变化是学习的关键，而髓鞘质控制着学习的形态。髓鞘质包裹着神经元，就像绝缘层包裹着铜线。它控制着信号的传递，因此信号能传递得更快且损耗更小。髓鞘质悄悄地把狭窄的小巷转换成宽阔、快如闪电的高速公路，一条神经通路的髓鞘质化就像网速从拨号上网升级到宽带水平，加上在神经元发出另一个信号前需缩小间隙，这些变化能使信号处理能力增加 3000 倍。

当一个神经元放电时，它不仅加强了与周围神经元的联系，而且会吸引少突胶质细胞的注意。少突胶质细胞像脑图像的太空入侵者，发出怪异的绿光，它们形成髓鞘质，挤压出一层精确地围绕着神经元的涂层，在大脑超高速的时间尺度下，这是一个相对漫长的过程。这一过程非常复杂，细胞间需要非常精细的交互作用，这个作用相当缓慢，每个涂层会包着神经纤维绕 40 ～ 50 次，并且会花费几天或几周时间。设想整个神经元，以及带有成千上万神经的神经电路都这样做，这就像使一条横跨大西洋的电缆绝缘。

难怪聪明的孩子都比较调皮，调皮的孩子会花大量的时间不断地提升自己的某项技能，这一过程不仅要创造神经通路，还要建一条"宽带"，即围着神经元包裹的髓鞘涂层。它会给予孩子大脑更快的反应速度和效率。所以技能是一种围着神经电路包裹、由细胞组成的绝缘层，作为对特定信号的回应，它会生长。而根据动作发展规律进行有效的粗大动作和精细动作练习，会使大脑发展进入快捷方式，加快髓鞘质的发育，促使神经可塑性进程。训练的内容和质量对大脑的发展至关重要，训练内容要不断变化，花费成千上万小时练习同一动作，只能使孩子成为那个动作的专家，对大脑的发展几乎毫无帮助；难度也要根据孩子的掌握程度不断增加，舒适区的训练毫无意义。不断地进阶难度可以在最有效点上生成新的神经细胞间的联系，并且会加强这种联系，从而打通神经通路。研究发现，动作难度增加时，神经可塑性会通过更改突触上神经递质和神经末梢的数目起作用，使一个神经元更容易把信息传递给它的邻居们（这就是一起放电的神经元为何会逐渐形成一个回路）。不过还有另一种更容易传递信息的方法——改变大脑内神经递质的整体平衡。

在动作练习中，孩子被迫减速、犯错、改正，这一过程好像孩子正走上一座覆盖着冰的山，打着滑，跌跌撞撞地前行，只要不放弃，你会发现孩子最终不知不觉地动作变得敏捷、协调、优雅。这正是脑不断发展的表现。组织练习的方法也会影响神经的可塑性，水平参差不齐的孩子集中练习，更能有效促进大脑的变化程度。这是因为对比会迫使水平较低的孩子离开舒适区而进入学习的最有效点。

对神经可塑性来说，运动是最好的催化剂，过去人们都低估了运动对大脑的影响。运动可以有效缓解压力、焦虑、抑郁，并能使学习和记忆能力大幅度提高。运动对于神经可塑性的影响源于脑源性神经营养因子的蛋白质含量激增。它使神经元生长，并启动神经突触的可塑性。约翰·瑞迪博士在《运动改造大脑》一书中写了"我把运动视为大脑神奇的生长肥料"。运动不仅可以使大脑有关运动区域的脑源性神经营养因子含量增加，而且参与新记忆形成的海马体的脑源性神经营养因子含量也会增加。研究人员还发现，愉快的运动可以促使大脑释放多巴胺，多巴胺能提高脑神经的可塑性，帮助大脑巩固已经学过的记忆。

儿童的大脑就像一块海绵，能尽可能地吸收更多的信息，即使你没有留意，大脑也会根据刺激做出改变，这就是神经系统科学家所称的"临界期"，即大脑可塑性的"黄金期"。"临界期"解释了为什么在年幼时学习语言更容易，以及为什么在年幼时不太可能有口音，还解释了为什么从出生时的一无所知，到几岁时会走路、说话和理解抽象的概念。基底核是大脑深处参与注意力集中的一组神经元，在临界期，它异常活跃，使孩子从出生到十一二岁时能轻而易举地进行学习。它被大量释放的提高神经可塑性的脑蛋白开启或关闭。一旦基底核被关闭，大脑的发展"黄金期（临界期）"就会结束，但运动可以有效增加脑蛋白的含量，能大大提高神经元发新枝的速度，促进大脑的发展。大脑像橡皮泥一样具有可塑性。近几十年来，随着大脑成像技术的发展，神经系统科学家对人在练习时大脑所发生的事情有了更多的了解，大脑就像一块肌肉一样，你经常使用它时，它就会增长；长时间不用它时，它就会萎缩。精细化运动可以让大脑变得更加灵活。

第七节　幼儿动作发展现状

为了解幼儿基本动作发展现状，笔者对四个幼儿园大班（大班的学生已经接受幼儿园体育教育 2 年多的时间，能够比较好地反映幼儿体育教学现状及对动作发展的影响）的共计 407 名幼儿进行了动作发展水平评估，其中男性幼儿 214 人，女性幼儿 193 人；评估动作包括跑、立定跳远、单脚跳、肩上投球、双手接球、踢定位球、双手挥棒击打固定球 7 个动作。

一、幼儿跑的动作发展现状

跑是基本动作中发展较早的动作，男女幼儿在 5 岁时就能达到较高水平。跑除了要求腿部有足够的力量推动身体向前和向上运动，还需要具备动态中保持身体平衡的能力和协调双腿、双臂以保持连续稳定步伐的能力。对于幼儿来说，高水平的跑应做到身体前倾，手脚协调，屈肘摆臂幅度大，着地时脚后跟过渡到前脚掌或仅前脚掌着地，大腿高抬，腾空高，声音小，步频快，动作流畅，如图1-7-1所示。但评估时很多幼儿都是全脚掌着地，手臂摆动幅度很小，且腾空不明显。

图 1-7-1　高水平跑的动作

图 1-7-2　幼儿跑动作发展现状（男）

图 1-7-3　幼儿跑动作发展现状（女）

幼儿跑的动作发展现状如图1-7-2、图1-7-3所示，与图1-7-1中的高水平跑相比（肘关节弯曲，手臂弯曲向相反的腿摆动，双脚有短暂的腾空离地，脚后跟过渡到前脚掌着地或仅前脚掌着地，摆动腿向后折叠约90°，脚后跟靠近臀部），幼儿跑的动作腿和手臂的摆动幅度远达不到高水平的标准。

二、幼儿立定跳远动作发展现状

立定跳远主要反映幼儿腿部力量和爆发力。跳是一项费力的运动，要求上下肢的协调配合，以便获得更大的反作用力和更多的能量转换。高水平的立定跳远动作要到 8 ～ 9 岁才能掌握，要求起跳前双膝弯曲，双臂在身后自然伸展；蹬地起跳时，双臂有力地向前上方摆动；双脚同时起跳、同时落地；双脚落地时缓冲，双臂随之向下摆动，如图 1-7-4 所示。

图 1-7-4 高水平立定跳远动作

对于幼儿园大班 5 ～ 6 岁的幼儿来说，他们的立定跳远动作虽然达不到最高水平，但按照动作发展规律也应发展到第三阶段——手臂前后摆动幅度较大，腿部蹬伸比较充分，手臂和腿的伸展度接近完全，如图 1-7-5 所示。

图 1-7-5 立定跳远动作发展第三阶段

但在评估时发现很多幼儿做不到上下肢的协调配合，很多幼儿出现了起跳时手臂向后下方摆动的情况；手臂的摆动幅度很小，做不到充分收腿向前，落地时也做不到屈膝、屈髋充分下蹲缓冲。如图1-7-6、图1-7-7所示。

图1-7-6 幼儿立定跳远动作发展现状（男）

图1-7-7 幼儿立定跳远动作发展现状（女）

三、幼儿单脚跳动作发展现状

单脚跳也是反映幼儿腿部力量和爆发力的动作，也需要上下肢的协调配合才能达到较高水平。高水平的单脚跳动作要到7岁左右才能掌握，要求摆动腿用力向前摆动产生动力，腾空脚保持在跳动脚后方，手臂弯曲向前摆动产生向前上方的力量，着地时注意屈膝缓冲，如图1-7-8所示。

图 1-7-8　高水平单脚跳动作

对于幼儿园大班 5 ~ 6 岁的幼儿来说，单脚跳动作虽然达不到最高水平，但按照动作发展规律应发展到第三阶段——把非支撑腿摆直，使脚置于身体后方，帮助跳跃者跳跃时身体前倾，手臂与运动方向一致性摆动，如图 1-7-9 所示。

图 1-7-9　单脚跳动作发展第三阶段

但在评估时发现，幼儿单脚跳动作无论是非支撑腿，还是双臂的摆动位置及上下肢的协调都与应发展到的水平存在差距，如图 1-7-10、图 1-7-11 所示。

图 1-7-10　幼儿单脚跳动作发展现状（男）

图 1-7-11 幼儿单脚跳动作发展现状（女）

四、幼儿肩上投球动作发展现状

投是体育活动中常用的基本动作技能之一，其发展分为五个阶段，男生大约在 5 岁时就可达到高水平，女生在 7 ~ 8 岁时才能够达到。高水平的肩上投球动作可以分层次地通过异侧上步，转动躯干，由下肢发力过渡到腰腹、胸部、上肢、手依次发力来增加球速，最后高挥手臂投出，如图 1-7-12 所示。

图 1-7-12 高水平肩上投球动作

从男性幼儿实际的肩上投球动作发展来看，目前远达不到高水平动作，大多幼儿处于同侧跨步（同手同脚）的动作水平，基本处于第三阶段，如图 1-7-13 所示。

图 1-7-13　幼儿肩上投球动作发展现状（男）

　　对于幼儿园大班 5 ~ 6 岁的女性幼儿来说，肩上投球动作虽然达不到最高水平，但按照动作发展规律应发展到第四阶段——能够通过异侧跨步、异侧上步，躯干小幅度扭转，手臂高挥的方式增加工作距离来提高投掷远度，如图 1-7-14 所示。

图 1-7-14　肩上投球动作发展第四阶段

　　从女性幼儿实际的肩上投球动作发展来看，远达不到第四阶段的水平，大多女性幼儿脚下无动作，主要依靠手臂的挥动来完成投球，如图 1-7-15。

图 1-7-15　幼儿肩上投球动作发展现状（女）

五、幼儿双手接球动作发展现状

接是一个常见的动作技能，需要手眼间的协调和用眼来跟踪物体的能力。女孩双手接球的动作技能发展要先于男孩，这是诸多动作技能的发展中比较少见的。其发展分为五个阶段，最高水平一般运动员才能达到，一般的孩子达到第四阶段就可以了，女生在 3.5 岁时就可达到，男生在 4 时才能够达到。双手接球第四阶段的水平是能够根据来球移动身体，手臂伸展迎球，双手接球，如图 1-7-16 所示。

图 1-7-16　双手接球动作第四阶段

从幼儿实际的双手接球动作发展来看，整体与第四阶段的水平还存在一定差距，普遍存在害怕来球，身体后倾及闭眼的情况，手眼协调能力差，无法准确接到球，如图 1-7-17、图 1-7-18 所示。

图 1-7-17　幼儿双手接球动作发展现状（男）

图 1-7-18　幼儿双手接球动作发展现状（女）

六、幼儿踢定位球动作发展现状

踢定位球需要具备眼足协调、平衡、感知动作的能力才能够踢好。男孩在 6.3 岁能够达到最高水平，女孩在 7.4 岁能够达到最高水平。高水平的踢定位球能运用支撑腿大跨步或跳跃步的动作接近球，踢球腿用力摆动触球，并用跟随动作来缓冲踢球时产生的冲击力，手臂反向运动以对抗腿的转动惯量对身体稳定性的影响，如图 1-7-19 所示。

图 1-7-19　高水平踢定位球动作

从男性幼儿实际的踢定位球动作发展来看，整体与高水平还存在很大差距，手臂、踢球腿的摆动幅度远达不到高水平的要求，只是单纯地通过脚给球一个力，击球力很小，无法协调身体的力量传递到足末端，如图 1-7-20 所示。

图1-7-20 幼儿踢定位球动作发展现状（男）

女性幼儿踢定位球动作在5.3岁应发展到第三阶段，这一阶段幼儿应出现上步踢球或加助跑的踢球模式，会做出将腿部摆动到躯干后部的动作，开始发力踢球，进而将球用力踢出，如图1-7-21所示。

图1-7-21 踢定位球动作发展第三阶段

从女性幼儿实际的踢定位球动作发展来看，幼儿园大班的女孩多数能够达到或接近第三阶段的水平，如图1-7-22所示。

图1-7-22 幼儿踢定位球动作发展现状（女）

七、幼儿双手挥棒击打固定球动作发展现状

挥击动作的完成对于手眼之间的协调配合要求很高，也是对手部控

制能力很好的表现，男孩在 6 岁时就能够达到高水平双手挥棒击打固定球的能力，女孩往往要到 7.5 岁才能达到高水平。高水平双手挥棒击打固定球是能做到迈出异侧腿，并转动躯体和手臂，有层次地通过下肢、腰腹、手臂的力量挥动球棒击球，如图 1-7-23 所示。

图 1-7-23　高水平双手挥棒击球动作

女性幼儿双手挥棒击打固定球动作在 3.5 岁应发展到第三阶段，这一阶段幼儿可以做到迈出同侧腿，斜向下挥动球棒来击球，如图 1-7-24 所示。

图 1-7-24　挥击动作发展第三阶段

从幼儿实际的双手挥棒击打固定球动作发展来看，男孩发展水平好于女孩，但距离应达到的水平仍然存在不小差距，如图 1-7-25、图 1-7-26 所示。

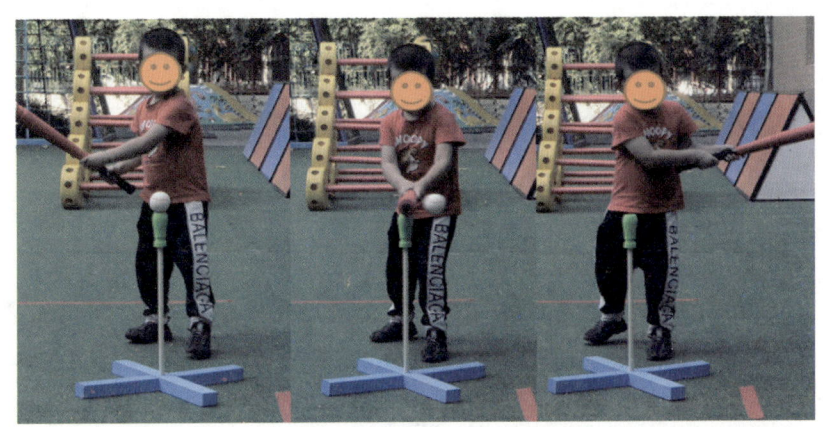

图 1-7-25 幼儿双手挥棒击打固定球动作发展现状（男）

图 1-7-26 幼儿双手挥棒击打固定球动作发展现状（女）

整体来看，当前的幼儿体育教学在促进幼儿动作技能发展上效果不佳，没有达到应有的水平，这种情况不利于孩子今后的技能发展，因为成人使用的 80%～90% 的基本动作是在幼儿时期获得的，这一时期是基本动作技能发展的敏感期。应当对幼儿园师资队伍进行幼儿动作发展规律知识方面的培训，使广大幼儿教师充分认识幼儿动作发展对幼儿的重要性，加强对动作发展理论的认知，有效应用到日常的教学当中去，这对全面提升幼儿的动作发展水平及终身运动习惯有重要意义。

第八节　动作发展研究对幼儿体育教学的启示

一、基本动作是体育教学的基础

语文教学首先教"a、o、e……"等拼音，再教汉字，而后教组词、造句、作文；数学教学首先教 1、2、3……等数字，再教加减乘除运算方式，而后教方程、解方程；幼儿体育的教学如果直接教"幼儿足球""幼儿篮球""幼儿武术""幼儿舞蹈"等等，一定是错误的，这对幼儿生长发育会造成很多不良影响。体育教学的基础就是基本动作，包括走、跑、跳、投、攀、爬、滚、钻等动作。基本动作的学习是一种由不会到逐步熟练掌握的经历过程，是在体育课堂上不断积累的运动财富，使学生具备一定的运动技术、体现出一定的运动技能的体育经历才是体育教学的终极目标。显然，幼儿的首要任务是发展基本的动作技能，这些动作技能是将来运动、终身身体活动的基础。如果幼儿可以在各种环境中成功地使用他们的基本动作技能，那么他们就能像成人一样找到他们喜爱并会一直参加的运动。

二、基本动作需要学习和练习才能掌握

人体基本动作技能不会随着身体的自然生长而获得，它需要学习和练习。虽然年龄是衡量幼儿动作发展阶段特征的一个参照点，但是时间对个体的动作发展起不到任何作用，起作用的是个体积极主动地在特定环境下进行学习、练习。动作不是基因遗传的，而是后天通过学习才能够掌握的。很多家长认为幼儿的走、跑、跳、投、踢、接等基本动作是随着自己一天天成长而自然获得的，无须特意地学习这些基本动作，直到学习专业运动技能时才需要体育教师的指导。这些观念是对幼儿生长发育的错误认知，幼儿的基本动作行为表现并非生长发育所致，而是幼

儿在成长过程中从环境中学习获得的，多数家长忽视了环境问题。

三、基于动作发展规律教学是促进幼儿全方面发展的基础

基本动作的发展需要个体达到一定的生理、心理、身体的基础，因此动作发展不要提前教育。从人一生的发展来看，对幼儿的超前开发是极其有害的。在幼儿动作发展没有达到应有的生理年龄时，不要设置相关的体育教学内容，否则会给幼儿带来不好的体验经历。例如，观察一个 3 岁的幼儿立定跳远时，发现在起跳前，他的手臂没有或只做了很小幅度的摆臂动作，假如你认为这一动作技术是错误的，就是在把幼儿和成人模式做比较。但是如果掌握了动作发展的规律，从动作发展的视角看，就会知道这种情况是正常的，就不会发生对动作错误的评价。幼儿体育教学只有按照动作发展规律特征进行课程内容设置，才不会出现教学内容的前置或滞后现象。

在运动技能的学习中，个体所达到的动作技术水平是教师判断该个体动作发展的重要手段，而不是仅通过生理年龄。例如，教师了解该动作发展的序列特征，判断个体动作发展到何种阶段水平，以及设计出个体教学促进其发展的个体目标。学生动作发展的变化是与生理年龄相关的，但不是由年龄决定的，所以了解在某一动作的发展序列中个体所达到的动作技术水平，要比知道该个体的生理年龄重要得多。在体育教学评价中，如果除了成熟的动作，将其他发展不成熟的动作均视为需要纠正的"错误动作"，那么这不是正确、发展性的观点。作为体育教师应该用发展的视角看待体育教学中个体的不成熟动作，并判断出该个体正处于哪个发展阶段。教师只有掌握了学生身体发展、动作发展、认知发展和情绪心理发展的相关特征，才能具备以发展视角去进行体育教学。有质量的体育教学是以身体行为和动作技能发展为中心的。动作技术的教学才是体育教学的核心，只以体能论英雄，势必会造成幼儿身体损伤率大幅度提高。没有基本动作技术的人群进入社会后，由于缺乏动作技

能而减少体育运动行为，导致缺乏体育锻炼动机、兴趣等问题。同时，因缺少基本动作技术学习，会导致支配粗大动作和精细动作的神经系统发展受限，进而影响大脑的发展和动作能力。

四、依据动作发展规律可以有效了解幼儿动作发展水平

作为一名体育教师，首先，要掌握各项动作发展序列的特征；其次，根据个体的具体动作表现判断其动作发展的阶段水平；最后，根据掌握的动作发展特征和个体所处的发展阶段制订个体化的教学促进方案。如果一名体育教师认为幼儿动作技能如奔跑、跳跃不经过有组织的学习就能自然出现，那么他就会把动作技能未如期出现归因于成熟缓慢，而不去调查其造成的原因。只有了解了动作发展的规律，才可以实时了解幼儿动作发展的水平，以便更高效地实施教学。例如，幼儿投掷的动作发展最初是不会向前迈步的，之后，幼儿会迈出一步，但是迈出的腿和投掷的手在同侧；最终，经过教学和练习，幼儿将获得成熟的动作模式，即向前迈步，并且迈出的腿和投掷的手是异侧的。体育教师掌握了该规律，当3岁的幼儿做出同侧迈步时，应当判断出该幼儿的行为属于该年龄段正常的动作发展过程，而不是和成熟的动作进行比较，认为这是错误的动作，这样的教学、训练就属于基于动作发展规律的教学、训练。了解了这一动作的发展规律，将帮助教师判断幼儿当前动作发展处于哪个阶段，正常情况下应发展到哪个阶段。教师根据幼儿动作表现出的特征，准备相对应的教学内容，才会有效促进教学效果的提升。

五、动作发展水平是评价幼儿体育教学效果的金标准

体育教学运动技能学习过程中，评价不仅涉及数量与远度，还包括动作的形式。如果幼儿动作的形式不符合个体生物力学的特征，即使个体展示出较大的数量或远度，在体育教学过程中其目的仍然是欠缺的，这可能是由于体能的超前发展造成的，如若不及时弥补由于动作技术缺

陷而带来的损失，在个体由幼儿发展到少年、青年、成年后就会显现出由于基本动作的协调性、平衡性欠缺，而永远达不到同龄个体具备良好动作形式的运动技能表现，这就是质变所蕴含在动作形式中的作用。基于基本动作发展特征来确定幼儿动作发展的成熟水平，在教育评价上是一个非常有用的工具。通过评价幼儿在某个阶段的动作典型特征，就能以更有效的方式来提高教学的能力。

总的来说，基于动作发展规律的幼儿体育教学设计对幼儿的基本动作技能发展是必要的。一方面，动作技能的学习不仅仅是为了在动作行为中得以体现，更是站在终身体育的角度，奠定终身锻炼的基础。如果忽略了动作技能的学习，仅仅发展体能或提高体质水平，当幼儿长大后会出现不喜欢参加体育活动的现象。这是因为一个扎实的基本动作技能基础，才会为少儿在今后的生活中提供更多的锻炼机会和意愿。另一方面，基于动作发展规律开发的幼儿体育课程不但科学设置了各年龄段的课程教学内容，而且选择了有效的体育教学方法和教学效果评价标准，彻底解决了幼儿体育不知道教什么、怎么教、教得怎么样的问题。

第二章　动作发展视域下的幼儿体育教学内容与方法

第一节　移动类动作教学内容与方法

一、移动类动作的概念和表现形式

移动类动作是指移动人体变换位置的动作技能。主要通过走、跑、跳、滑、攀、爬、滚、钻的形式展现出来。各形式又可以进一步细分。

（1）走：直线走、曲线走、高人走（提踵走）、矮人走（蹲走）等。

（2）跑：直线跑、曲线跑、变向跑、高抬腿跑、跨栏跑、接力跑等。

（3）跳：单脚跳、双脚跳、纵跳、跨步跳、跳马等。

（4）滑：侧滑步、前滑步、后滑步等。

（5）攀：攀登跳箱、攀登梯子、攀岩等。

（6）爬：俯爬、跪爬、熊爬、毛毛虫爬、螃蟹爬、蚂蚁爬、背爬等。

（7）滚：双手上举侧身滚、双手抱胸侧身滚、双臂体侧侧身滚、前滚翻等。

（8）钻：正面钻、侧面钻、俯身钻等。

二、发展移动类动作的方式和方法

1. 发展"走"的方式和方法

（1）正常行走的动作要领：上体正直，自然挺胸，肩部肌肉放松，目视前方；两臂前后自然、轻松摆动；向前摆臂时，肘关节稍弯曲；步幅大小适宜、均匀，步向角（行走方向与脚中线形成的角度，称为步向角，如图 2-1-1 所示，步向角是判定步态是否正常的重要依据，步向角小于 5° 称为"内八字"步态，大于 12° 称为"外八字"步态）在5° ~ 12°；精神饱满，节奏感强。

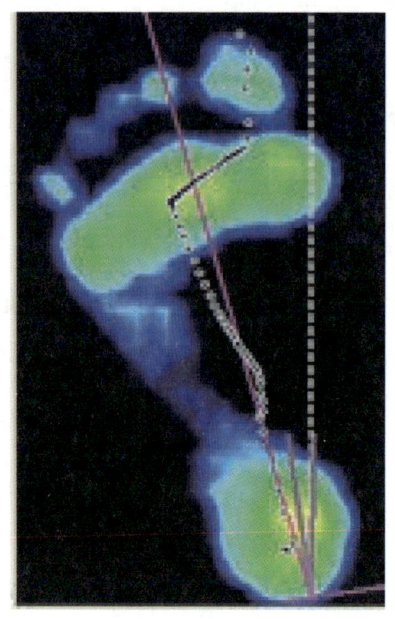

图 2-1-1　步向角

（2）走的练习方式及方法。

①我是堂堂正正中国人——直线走：让学生按照走的动作要领，走出中国人的精神气度，走出中国人的自豪。可以全班学生一起走，也可以一排一排走，反复练习。

②穿越森林——曲线走：拿标志桶当作树，在每一列学生前间隔1～1.5米摆放若干个，让学生绕过每个标志桶走，穿过"森林"。

③踩着石头过河——高人走（提踵走）：拿瑜伽砖或过河石当作石头，在每一列学生前间隔0.3～0.5米摆放若干"石头"，让学生抬高脚后跟，前脚掌踩着"石头"通过。

④穿越封锁线——矮人走（半蹲走）：拿标志桶左右间隔1米，前后间隔1～1.5米摆放若干，模拟形成"封锁线"，让学生屈膝屈髋弯腰半蹲走穿过"封锁线"。

小妙招：

第一，教学过程中可以让走得好的学生做示范。

第二，对于"内八字"步态的学生可以通过模仿"小鸭子走"（两脚分开与肩同宽成外八字形）的游戏来矫正；对于"外八字"步态的学生可以通过模仿"大熊猫走"（两脚分开与肩同宽成内八字形）的游戏来矫正。

（3）走的基本动作练习教案。

表 2-1-1

课程名称	小小士兵——"走"的基本动作练习		
课程目标	1. 掌握正确的行走方式，能自然、协调、迅速地调节行走中的速度 2. 通过教学培养学生的规则意识		
动作要领	走：上体正直，自然挺胸，肩部肌肉放松，目视前方；两臂前后自然、轻松摆动；向前摆臂时，肘关节稍弯曲；步幅大小适宜、均匀，步向角在 5° ~ 12°；精神饱满，节奏感强 半蹲走：要求下肢屈膝屈髋，上体弯腰弓背，降低身体重心行走		
所需器械	长杆 1 根、大标志桶 25 个、布基胶带一卷		
	教学过程	器械摆放及队列队形	组次
开始部分 2 分钟	1. 集合整队，师生问好，清点人数；口令带动，气氛营造，激发学生的运动热情 2. 情景导入：师：同学们，今天我们一起来进行小小士兵的游戏		
准备部分 5 分钟	热身游戏：跨越障碍 师：小士兵要训练了，要求学生成一路纵队，围成圆形跑起来，教师手持长杆绕学生脚下转动，当学生遇到长杆后，快速跳起来越过长杆，不要被绊倒。练习队列队形如右图	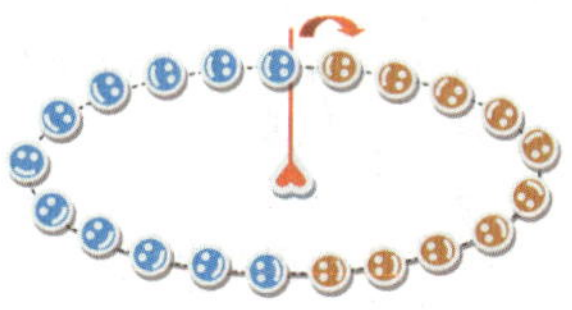	

基本部分 28分钟	1. 穿越封锁线——半蹲走 师：小士兵要穿越封锁线，为了不被敌人发现，要低下身子，半蹲着悄无声息地走过去。教师可以通过示范教给学生，而后进行练习。练习队列先按照右图1站成四队，每队为一组进行循环练习，练习中及时纠正动作不规范的学生。可以练习2～3个循环后集中学生规范学生动作，再进行3～4个循环的练习。然后休息1～2分钟，接下来按照右图2，四队变成一队来进行大循环练习，练习3～5个循环 2. 穿越森林——曲线走 师：接下来小士兵要徒步穿越森林，小士兵的前面是曲折的小路，我们需要绕过每棵树穿过森林，穿越过程中不要触碰"树"。"树"由标志桶代替，直线每隔1.5米摆放一个，一列5个，如右图3。练习2～3个循环。接下来可以参照右图2，四队变成一队来进行大循环穿越森林练习，练习3～5个循环 3. 大阅兵：我是堂堂正正中国人 师：大家要想成为一名优秀的士兵，就要通过大阅兵的检验。请小朋友分成四队，如右图4，听教师发出指令后做动作。要求队伍整齐，行走姿势正确，练习8～10分钟 小结：小士兵们完美地完成了今天的训练任务，大家很快都能成为优秀的小士兵	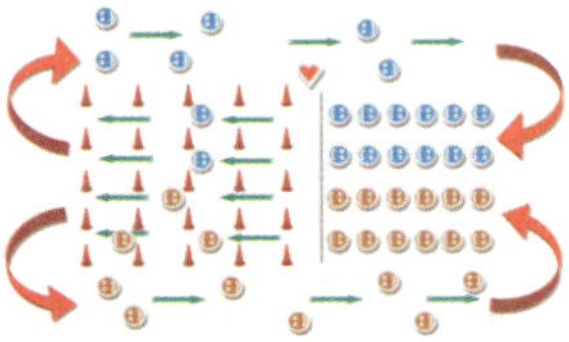 图1 四队循环练习队列 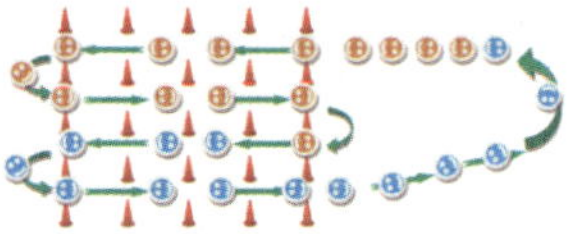 图2 一队循环练习队列 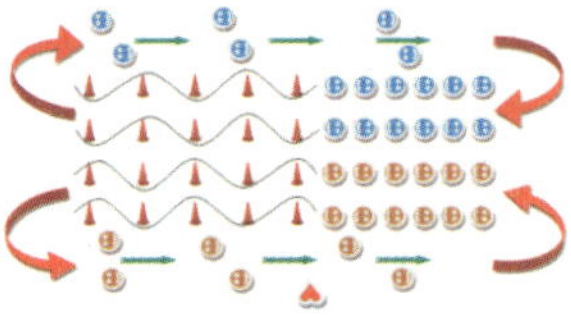 图3 穿越森林练习队列 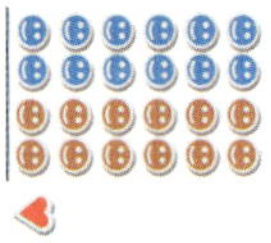 图4 大阅兵队列	每种形式练习3～5组
结束部分 5分钟	1. 放松游戏：甩甩操 带学生甩甩胳膊、甩甩腿进行放松 2. 带领学生一起整理、回收器械		

2.发展"跑"的方式和方法

（1）跑的动作要领：上体正直，稍向前倾；积极向前抬腿，用力后蹬，落地轻而稳；两手半握拳，双臂屈肘前后自然摆动，用鼻子或口鼻同时呼吸，自然而有节奏。

（2）跑的练习方式及方法。

①火箭发射准备——站立式起跑：当听到"各就位"口令，学生左脚站在起跑线最近点，右脚站在距离左脚尖向后约一小腿长的位置；当听到"预备"口令，身体重心移至左腿，同时上体躬身前倾，右臂屈肘前摆，左臂屈肘后摆，左右腿弯曲；当听到"跑"的口令，右腿迅速蹬地向前摆动，同时右臂有力后摆，左臂积极有力前摆。反复练习，注意学生的四肢位置，使学生掌握正确的站立式起跑姿势。

②火箭发射——加速跑：当听到"跑"的口令，后蹬腿积极蹬地前摆，步长不要太大，着地点尽量靠近身体重心投影点，前倾的上体随着加速慢慢抬起，摆动腿着地后积极后蹬，以便获得更大的反作用力，为加速提供足够的向前的动力，两手臂以肩为轴积极前后摆动。与站立式起跑一同反复练习，注意提醒学生起跑加速时上体不要一下就抬起，应当随着加速慢慢抬起。

③超级变轨火箭——变向跑：以"向右跑"变向为"向左跑"为例，跑动时变向首先要减速屈膝降低重心，而后向准备跑的左方向移动重心，同时右侧脚前脚掌内侧迅速蹬地，左侧脚迅速向左方向跨出，身体转动完成变向。变向跑不能停下来再改变方向，而是在运动中改变方向，这是变向跑教学和练习的重点。如图2-1-2所示。

图 2-1-2 变向跑

④新型跨越火箭——跨栏跑：先加速起跑，跑到栏前约半米时，摆动腿（上栏的腿）屈膝高抬，大腿积极向前上方摆，起跨腿（后过栏的腿）用力蹬离地面后弯曲，膝关节外展，向前上方提拉过栏，同时身体重心前移，上体前倾，起跨腿同侧臂用力前伸，异侧臂用力后摆。过栏后，摆动腿积极下压，起跨腿保持大小腿折叠迅速向前，摆动腿用前脚掌着地后，起跨腿向前方迈出过渡到加速跑。教学时不用纠结于学生的技术动作掌握不好，这一动作对于幼儿来讲还是有一定难度的，重点让学生体会栏架的位置，能够较好地控制好自己的身体，准确跨越过栏架而不触碰栏架，在反复的练习中不断提升学生的身体控制能力和空间位置感。如图 2-1-3 所示。

图 2-1-3 跨栏跑

（3）跑的基本动作练习教案。

表 2-1-2

课程名称	超级小火箭——"跑"的基本动作练习		
课程目标	1. 掌握跑的动作要领 2. 能够在上下肢协调配合的情况下完成跨栏跑		
动作要领	跑：上体正直，稍向前倾；积极向前抬腿，用力后蹬，落地轻而稳；两手半握拳，双臂屈肘前后自然摆动，用鼻子或口鼻同时呼吸，自然而有节奏		
所需器械	标志桶 4 个、布基胶带 1 卷、接力棒 4 个		
	教学过程	器械摆放及队列队形	组次
开始部分 2 分钟	1. 集合整队，师生问好，清点人数；口令带动，气氛营造，激发学生的运动热情 2. 情景导入：师：同学们，什么武器飞得最快呢？（引导学生大胆表现，教师总结） 师：今天我们要变身小火箭，不仅跑得快，还能飞起来		
准备部分 5 分钟	热身游戏：火箭飞呀飞 师：现在老师要带大家变成火箭飞龙。学生在老师带领下变成一条长队，如同飞龙呈螺旋形跑起来，而后再旋转出来。队列如右图	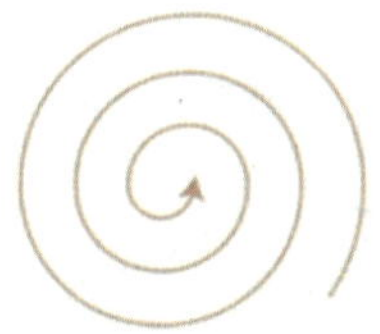	练习 1~2 组

基本部分 28分钟	1. 火箭发射准备——站立式起跑 师：火箭要想飞得快，就必须做好发射准备，小火箭们，下面按照我的示范动作做好发射准备，讲解示范队列如右图1。学生根据教师口令反复练习，教师及时纠正不正确动作 学生基本掌握原地站立式起跑姿势后，教师带领学生练习站立式起跑，要求学生按照口令做好起跑姿势并在听到"跑"的口令后迅速跑出，跑出5~6米即可，主要看谁启动最快，有效练习学生的注意力和反应速度。练习时一排一排练习即可，练习队列如右图2 2. 火箭发射——加速跑 当听到"跑"的口令时，后蹬腿积极蹬地前摆，两手臂以肩为轴积极前后摆动加速跑出，跑出20~30米即可，主要看加速跑动作是否正确，可以通过优秀的同学示范来进行教学。练习队列如右图2 3. 最佳火箭军——跑的比赛 师：下面同学们分成人数相等的四队，每队为一支火箭军，我们进行接力跑比赛，获胜的队为最佳火箭军。比赛队列如右图3	 图 1 讲解示范队列  图 2 站立式起跑练习队列  图 3 比赛队列	每种形式练习 3~5组
结束部分 5分钟	1. 放松游戏：拍拍操 老师带领学生拍打身体各部位，做一下放松练习 2. 带领学生一起整理、回收器械		

3. 发展"跳"的方式和方法

（1）跳的动作要领：以双脚跳为例，包括预摆、起跳、腾空、落地四个环节。预摆环节两脚左右开立与肩同宽，手臂前摆时两腿伸直，而后摆时屈膝、屈髋下蹲，腰背挺直，目视前方；起跳环节两脚快速蹬地，同时双臂由后向前上方摆动，跳起腾空，充分伸展身体；腾空环节收腹举腿，小腿前伸，同时双臂用力后摆；脚落地时屈踝、屈膝、屈髋下蹲。

（2）跳的练习方式及方法。

①一条腿受伤的袋鼠——单脚跳：单腿站立，另一条腿屈膝抬起，紧贴站立腿，双臂自然摆动，站立腿半蹲，前脚掌蹬地，然后身体起跳，落地时屈膝缓冲。可以让学生先练习左腿，然后再练习右腿，左右腿交换练习。

②小袋鼠——双脚跳：两脚左右开立与肩同宽，手臂前摆时两腿伸直，而后摆时屈膝、屈髋下蹲，腰背挺直，目视前方；起跳环节两脚快速蹬地，同时双臂由后向前上方摆动，跳起腾空，充分伸展身体；腾空环节收腹举腿，小腿前伸，同时双臂用力后摆；脚落地时屈踝、屈膝、屈髋下蹲。双脚跳练习时可以让学生连续跳 3 ~ 8 个，比赛时可以按照"立定跳远"的要求进行。

③飞跃的袋鼠——跨步跳：是在助跑下，起跳腿单脚起跳，用力蹬伸，方向要正，摆动腿用力向前上方摆动，在空中瞬间滞留前弓步，摆动腿落地后，不要骤停，应继续向前跑几步。练习时可以间隔 3 ~ 5 米摆放若干的敏捷栏，让学生反复练习体会连续跨步跳的感觉。如图 2-1-4 所示。

图 2-1-4 跨步跳

④袋鼠摘苹果——纵跳：通常在原地两手臂积极后摆时，屈膝、屈

髋下蹲，腰背挺直，而后双臂由后向上方摆动，蹬腿伸髋竖直向上，充分伸展身体，两手充分向上伸展。通常在练习者头顶上方摆放触摸目标进行练习。

⑤袋鼠过障碍——跳马：一个完整的跳马动作是由助跑、起跳、第1腾空、推手、第2腾空和落地等六个紧密相连又相互影响的部分组成的。要求学生有节奏地逐渐加速助跑，单跳双落，积极摆臂踏跳，含胸、紧腰，双臂主动前伸，向下撑山羊并用力快速顶肩推手，同时稍提臀，两腿侧分，有意识下压制动，双臂顺势上举、起肩、抬上体、挺身，接着迅速并腿前伸落地。如图2-1-5所示。

图 2-1-5 跳马

（3）跳的基本动作练习教案。

表 2-1-3

课程名称	小袋鼠——"跳"的基本动作练习
课程目标	1. 熟练掌握双脚连续跳、立定跳远的动作要领 2. 学会单脚连续跳动作，基本掌握跨步跳的动作要领
动作要领	以双脚跳为例，两脚左右开立与肩同宽，手臂前摆时两腿伸直，而后摆时屈膝、屈髋下蹲，腰背挺直，目视前方；起跳环节两脚快速蹬地，同时双臂由后向前上方摆动，跳起腾空，充分伸展身体；腾空环节收腹举腿，小腿前伸，同时双臂用力后摆；脚落地时屈踝、屈膝、屈髋下蹲
所需器械	直径40厘米敏捷环20个、15厘米高敏捷栏20个、布基胶带1卷

续　表

教学过程		器械摆放及队列队形	组次
开始部分 2分钟	1.集合整队，师生问好，清点人数；口令带动，气氛营造，激发学生的运动热情 2.师：同学们，今天我们要变成小袋鼠一起做游戏，小袋鼠是怎么跳的呢？请同学模仿一下，教师鼓励学生大胆尝试		
准备部分 5分钟	热身游戏：跳跳操 师：刚才同学们跳得非常棒，下面我们跟着音乐的韵律再来跳一跳吧		练习 1组
基本部分 28分钟	1.袋鼠跳——双脚跳 师：教师组织学生示范动作，而后让学生练习，练习中教师及时纠正不正确动作。讲解示范练习队列如右图1 2.一条腿受伤的袋鼠——单脚跳 师：小袋鼠一条腿受伤了，它只能一条腿来跳，教师组织学生示范单脚跳动作，而后让学生练习，练习中注意左右脚都要练习，教师及时纠正不正确动作。讲解示范练习队列如右图1 3.创意游戏：袋鼠闯关 师：小袋鼠们接下来我们要闯关啦，第一关是双脚连续跳完成五个环的跳跃，跳跃中双脚需要准确落在环中不能触碰环，触碰就算闯关失败。第二关是单脚连续跳完成五个环的跳跃，左右脚交替练习。学生练习过程中教师随时指导。练习几组熟练后可以分成四队进行接力赛。练习队列如右图2 4.飞跃的袋鼠——跨步跳 师：小袋鼠们好厉害呀，接下来小袋鼠们要挑战跨步跳，跳跃障碍，小袋鼠们加油！教师组织学生示范跨步跳动作，讲解示范练习队列如图1。而后组织学生练习，练习队列如右图3	 图1 讲解示范队列 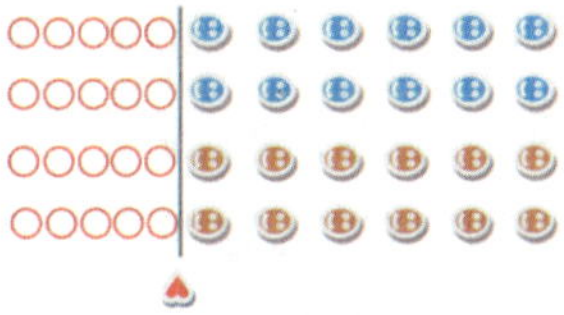 图2 袋鼠闯关练习队列  图3 飞跃的袋鼠练习队列	每种形式练习5组

| 结束部分5分钟 | 1. 放松游戏：功夫袋鼠
教师组织学生进行腿部拉伸放松练习
2. 带领学生一起整理、回收器械 | | |

4. 发展"滑"的方式和方法

（1）滑的动作要领：先以侧滑步为例，滑步前，两脚左右开立，屈膝，上体稍前倾，手臂向两侧张开。向左滑步时，右脚前脚掌内侧蹬地，左脚向左跨出半步，落地的同时，右脚迅速随同滑行向左滑出半步，然后依次重复上述动作；向右滑步时，动作相反。两脚滑动离地不能太高，应当做到平贴着地面滑动，移动中身体不能起伏，头部要保持在一个水平面上，重心稳定。

前滑步：身体姿势与侧滑步相同，只是两脚稍分前后开立。向前滑步时，后脚的前脚掌内侧用力向前蹬地，同时前脚向前迈一小步，接着后脚迅速跟上半步，仍保持两脚原来距离。

后滑步：身体姿势与侧滑步相同，只是两脚稍分前后开立。向后滑步时用前脚掌用力向后蹬地，同时后脚向侧后方迈出半步，接着前脚迅速跟上半步，仍保持两脚原来距离与角度。

（2）滑步的练习方式及方法。

①滑步练习赛道——侧滑步：用标志桶两两左右间隔 5 米，前后间隔 1 米摆放 10 米的赛道若干条，学生通过左右交替的滑步形式，一一触碰标志桶通过赛道进行循环练习。如图 2-1-6、图 2-1-7 所示。

图 2-1-6　男生滑步练习

图 2-1-7　女生滑步练习

②老鹰抓小鸡——侧滑步：对学生进行分组，6～8名学生为1组，一名学生扮演老鹰，一名学生扮演鸡妈妈，其余学生扮演小鸡。小鸡们半猫着腰，抬着头，双手搂住前面同学的腰部排成一列，鸡妈妈在队伍最前面。老鹰不能捉鸡妈妈，只能在规定的时间内突破鸡妈妈的防线，捕捉最后面的小鸡，捉住最后面的小鸡老鹰即获胜，否则即失败。鸡妈妈为防止老鹰捉住自己身后的小鸡，要张开双臂左右滑步移动，全力拦住老鹰保护小鸡，小鸡在鸡妈妈身后也要随着鸡妈妈左右滑步移动而滑动。

③小小闪电侠——前后左右滑步：先在学生的站立位画个圈，而后在学生前面、左面、右面各三米的位置摆放上标志桶，学生首先通过前

滑步触摸前面的标志桶，而后通过后滑步滑回圆圈，接着通过侧滑步触摸左侧的标志桶，然后通过侧滑步触摸右侧的标志桶，最后通过侧滑步滑回圆圈。练习时可反复练习，比赛时看谁用时最短。

（3）滑步的基本动作练习教案。

表 2-1-4

课程名称	小小闪电侠——"滑步"的基本动作练习		
课程目标	1. 较好掌握侧滑步、前后滑步的动作要领 2. 通过练习有效发展学生对身体的控制能力，提高身体灵活性及躲闪能力		
侧滑步的动作的要领	侧滑步：滑步前，两脚左右开立，屈膝，上体稍前倾，手臂向两侧张开。向左滑步时，右脚前脚掌内侧蹬地，左脚向左跨出半步，落地的同时，右脚迅速随同滑行向左滑出半步，然后依次重复上述动作；向右滑步时，动作相反。两脚滑动离地不能太高，应当做到平贴着地面滑动，移动中身体不能起伏，头部要保持在一个水平面上，重心稳定。		
所需器械	标志桶 18 个、布基胶带 1 卷、彩色粉笔 1 盒		
	教学过程	器械摆放及队列队形	组次
开始部分 2 分钟	1. 集合整队，师生问好，清点人数 2 情景导入：师：同学们，今天我们要学习侧滑步、前后滑步，滑得好的同学将成为班里的小小闪电侠，看看今天谁能获得闪电侠的称号		
准备部分 5 分钟	热身活动：方向变变变 师：按照右图左右交错摆放标志桶，标志桶横向距离 5 米左右。请学生按照规定路线，先通过跑的方式依次触摸标志桶，按路线跑完后从左侧返回到队尾循环进行；而后可以通过侧滑步的方式依次触摸标志桶，进行循环练习，完成准备活动	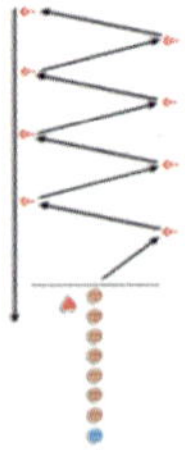	练习 2～3 个循环

续　表

基本部分28分钟	1.老鹰抓小鸡——侧滑步练习 师：首先教师组织学生进行示范，而后6～8名学生为1组，一名学生扮老鹰，一名学生扮鸡妈妈，其余学生扮小鸡。小鸡们半猫着腰，抬着头，双手搂住前面同学腰部排成一列，鸡妈妈在队伍最前面。老鹰不能捉鸡妈妈，只能在规定的时间内突破鸡妈妈的防线，捕捉最后面的小鸡，捉住最后面的小鸡老鹰即获胜，否则即失败。鸡妈妈为防止老鹰捉住自己身后的小鸡，要张开双臂左右滑步移动，全力拦住老鹰保护小鸡，小鸡在鸡妈妈身后也要随着鸡妈妈左右滑步移动而滑动，每组练习可以定为3分钟。练习队列如图1 2.小小闪电侠——滑步练习 师：先在场地上间隔7米画几个直径40厘米左右的圆圈，而后在学生前面、左面、右面各3米的位置摆放上标志桶，学生首先通过前滑步触摸前面的标志桶，而后通过后滑步滑回圆圈，接着通过左侧滑步触摸左侧的标志桶，然后通过右侧滑步触摸右侧的标志桶，最后通过侧滑步滑回圆圈，再通过前滑步触摸前面的标志桶，循环练习3次，而后换下个同学练习。练习队列如右图2	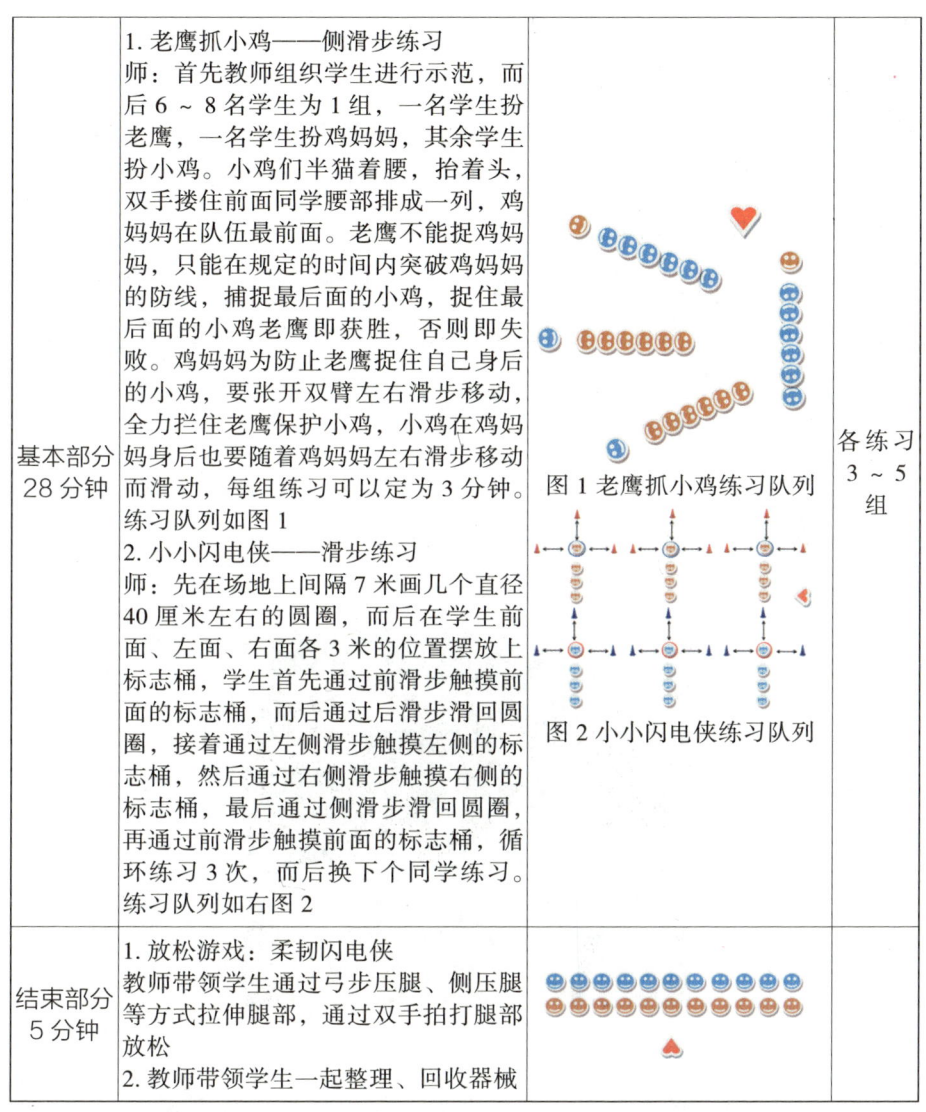 图1 老鹰抓小鸡练习队列 图2 小小闪电侠练习队列	各练习3～5组
结束部分5分钟	1.放松游戏：柔韧闪电侠 教师带领学生通过弓步压腿、侧压腿等方式拉伸腿部，通过双手拍打腿部放松 2.教师带领学生一起整理、回收器械		

5.发展"攀"的方式和方法

（1）攀的动作要领：攀登时身体要自然放松，重心要随攀登动作的转换移动，这是攀登能否稳定、平衡、省力的关键。攀登时上、下肢要协调舒展，要掌握节奏，上拉、下蹬要同时用力，身体重心一定要落在脚上。

攀登跳箱：通过助跑双脚起跳，双手抓住跳箱上面，手臂用力向上攀爬，下肢一条腿蹬，另一条腿用力高抬，摆动到跳箱上面支撑住，另一条腿再向上，攀登上跳箱。

攀登"攀登架"：使身体靠近攀登架，两手交替向上攀爬，两脚交替向上攀登，攀登时两手向上拉、两脚下蹬踩稳。达到最高点时，稳定住，骑着攀登架转身向下。

攀岩：攀岩时尽量使身体贴近岩壁，采用抠、捏、拉、拽、握、蹬、挂、踏等方法使身体向上运动，攀岩对手指的力量要求比较高，平常应加强学生的上肢练习。

（2）攀的练习方式及方法。

①翻山越岭——攀登跳箱：摆放不同高度的跳箱成一列或两列，让学生从跳箱上一一攀登过去，攀登跳箱时教师注意指导帮助，练习学生的攀登技能。如图2-1-8所示。

图2-1-8 攀登跳箱

②小士兵体能大集训——攀登跳箱：可以把学生分为两队，每队人数相等，在队前摆放不同高度的跳箱，在距离最后的跳箱1米处画上横线，横线前5米处摆放上一个筐，让每个学生手拿一个沙包，依次从跳箱上攀登过去，在横线处停下把沙包投向筐中，攀登跳箱时教师注意指导帮助。如图2-1-9所示。

图 2-1-9　攀登跳箱

③灵巧的小猴子——攀登"攀登架"：把学生分为两队，在每队前摆放 1 个攀登架，在攀登架前后左右摆放上海绵垫，确保学生的安全，让学生依次攀登通过"攀登架"，教师注意指导和保护。如图 2-1-10 所示。

图 2-1-10　攀登攀登架

（3）攀的基本动作练习教案。

表 2-1-5

课程名称	小士兵体能大集训——"攀"的基本动作练习
课程目标	1. 使学生较好掌握攀登跳箱的动作要领，磨炼学生的意志品质 2. 有效锻炼学生的手臂力量，提升学生的动作协调能力和手部控制能力
攀登跳箱动作的要领	攀登跳箱：通过助跑双脚起跳，双手抓住跳箱上面，手臂用力向上攀爬，下肢一条腿蹬，另一条腿用力高抬，摆动到跳箱上面支撑住，另一条腿再向上，攀登上跳箱
所需器械	跳箱 2 套、标志桶 2 个、筐 2 个、彩色粉笔 1 盒

续　表

教学过程		器械摆放及队列队形	组次
开始部分 2分钟	1.集合整队，师生问好，清点人数；口令带动，气氛营造，激发学生的运动热情 2.情景导入：师：同学们！接到命令，我们要进行小士兵体能大集训		
准备部分 5分钟	**热身游戏：我要成为合格的小士兵** 师：要想成为一名合格的小士兵，大家首先要经过刻苦训练，增强自己的体能水平。教师带领学生按照右图通过绕跳箱跑，攀登通过跳箱完成准备活动		练习 2~3 组
基本部分 28分钟	1.翻山越岭——攀登练习 师：通过刚才的准备活动我们看到有一些小士兵还没有掌握攀登跳箱的技巧，为了增强小士兵的能力，我们要加强大家的攀登训练。而后教师示范动作，带领学生进行分组练习。练习队列如右图1。要求学生依次攀登过不同高度的跳箱，而后通过快跑绕过标志桶返回队尾，进行下一循环练习 2.小士兵体能大集训——攀登练习 师：通过刻苦的训练，大家都成为一名优秀的小士兵，下面我们要手拿手榴弹（沙包）翻越障碍后把手榴弹投入筐里，看谁投得准 把学生分为两队，每队人数相等，在队前摆放不同高度的跳箱，在距离最后的跳箱1米处画上横线，横线前5米处摆放上一个筐，让每个学生手拿一个沙包，依次从跳箱上攀登过去，在横线处停下把沙包投向筐中，攀登跳箱时教师注意指导帮助。练习队列如右图2	 图1 翻山越岭练习队列 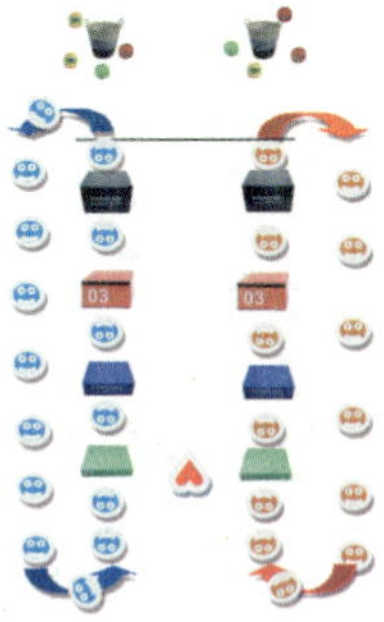 图2 体能大集训练习队列	练习 5组

续　表

结束部分 5分钟	1. 放松游戏：快乐小士兵 我们圆满完成了集训任务，下面跟老师轻跳起来甩甩手臂、甩甩腿，拍打一下身体进行放松 2. 教师带领学生一起整理、回收器械	

6. 发展"爬"的方式和方法

（1）爬的动作要领如下。跪爬：双膝跪地，双手与肩同宽垂直地面支撑身体，异侧手膝交互更替向前爬行。如图2-1-11所示。

图2-1-11　跪爬

俯爬：全身俯卧，头部抬离地面目视前方，屈肘；爬行时左臂前伸，五指张开全掌按地，同时右腿屈膝前移，用左手的前臂和右脚的膝内侧同时支撑，同时右脚前蹬伸直，使躯干向前移动，注意胸、腹始终着地，然后右臂前伸，左脚屈膝前移，反复前行。

熊爬：双手双脚撑于地面，双膝不着地，前进时异侧手脚移动（左手右脚或右手左脚），前进动力主要放在双脚上，手主要起平衡作用。如图 2-1-12 所示。

图 2-1-12 熊爬

毛毛虫爬：站位体前屈，双手落地，双手向前小幅度高频率爬行，同时身体重心下降，爬行至手臂极限时稳定不动，腿部保持伸直，双脚同样以小幅度高频率向前爬行至极限，而后双手再向前，手脚交替前行。

螃蟹爬：双手双脚撑于地面，双膝不着地，向左侧前进时，左侧手和右侧脚同时向左移动 5～8 厘米着地，而后右侧手和左侧脚同时向左移动 5～8 厘米着地，反复向左移动；向右侧前进时，异侧手脚配合向右移动。

蚂蚁爬：背部朝向地面，四肢撑地，臀部抬离地面，向脚的方向前进，前进时异侧手脚移动（左手右脚或右手左脚），另外的手和脚支撑身体，运动中主要保持身体平衡。

背爬：全身仰卧，手臂放于身体两侧，向头的方向移动，头和上背部微微抬离垫子，左右大幅度摇摆，同时两腿屈膝，两脚交替后蹬，注意与上体协调配合，上体向哪侧摇摆，哪侧腿蹬伸，移动中注意方向。

（2）爬的练习方式及方法。

①炸毁敌碉堡——俯爬的练习：把学生分队，在每队前摆放体操垫，在体操垫前 5 米处摆放筐当作碉堡，学生手持沙包当作手榴弹，通过俯爬至体操垫末端后将沙包投入筐中。

②花样爬行大比拼——各种爬的练习：把学生分为四队，在每队前无缝隙竖摆 3 个 2 米 ×1 米的体操垫，学生在教师指导下分别进行跪爬、俯爬、熊爬、毛毛虫爬、螃蟹爬、蚂蚁爬、背爬的练习。学生都掌握后，可以进行各队间各种爬行的接力比赛，通过比赛使学生的各种爬行技能得到进一步发展。

（3）爬的基本动作练习教案。

表 2-1-6

课程名称	花样爬行大比拼——"爬"的基本动作练习		
课程目标	1. 熟练掌握各种爬的动作要领 2. 有效促进学生上下肢的协调发展		
俯爬动作的要领	俯爬：全身俯卧，头部抬离地面目视前方，屈肘；爬行时左臂前伸，五指张开全掌按地，同时右腿屈膝前移，用左手的前臂和右脚的膝内侧同时支撑，同时右脚前蹬伸直，使躯干向前移动，注意胸、腹始终着地，然后右臂前伸，左脚屈膝前移，反复前行		
所需器械	2 米 ×1 米体操垫 8 块、沙包若干、筐 2 个		
	教学过程	器械摆放及队列队形	组次
开始部分 2 分钟	1. 集合整队，师生问好，清点人数；口令带动，气氛营造，激发学生的运动热情 2. 情景导入：师：同学们！接到命令，今天我们有一个重要任务就是炸掉敌人的碉堡		

准备部分 5分钟	热身游戏：爬的方式好多种 师：同学们！我们要想炸掉敌人的碉堡必须接近碉堡，怎样接近才不容易被敌人发现呢？通过提问，引出爬行动作。学生尝试用不同的方式爬过垫子，完成热身练习。练习队列如右图		练习 3～4 组
基本部分 28分钟	1.炸毁敌碉堡——俯爬练习 师：通过刚才的热身活动，我们看到俯爬是最贴近地面不易被敌人发现的，下面我们出发去炸毁敌人的碉堡。把学生分为两队，每队人数相等，在队前摆放体操垫，在体操垫末端前5米处摆放上一个筐（充当碉堡），让每个学生手拿一个沙包，依次通过俯爬通过体操垫，在体操垫末端停下采用俯爬姿势将沙包投向筐中，而后起身跑回队尾进行循环练习。练习队列如右图1 2.花样爬行大比拼——各种爬的练习 师：通过刚才的练习同学们很好地掌握了俯爬，下面我们学习其他爬行方式，看哪队爬行得又好又快。把学生分为两队，在每队前摆放体操垫，学生在教师指导下分别进行跪爬、熊爬、毛毛虫爬、螃蟹爬、蚂蚁爬、背爬的练习。学生都掌握后，可以进行各队间各种爬行的接力比赛，通过比赛使学生的各种爬行技能得到进一步发展。练习队列如右图2	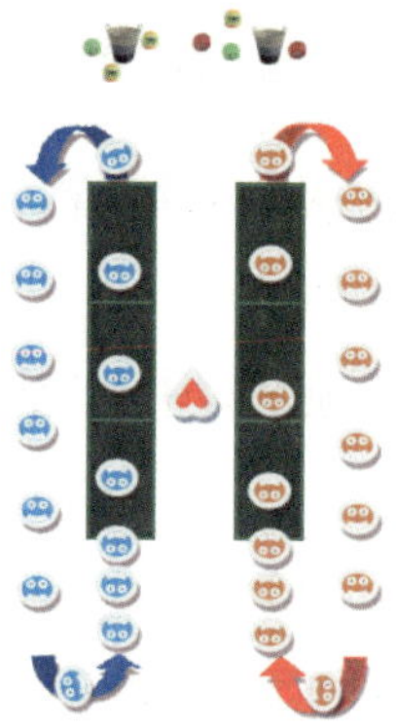 图1 翻山越岭练习队列 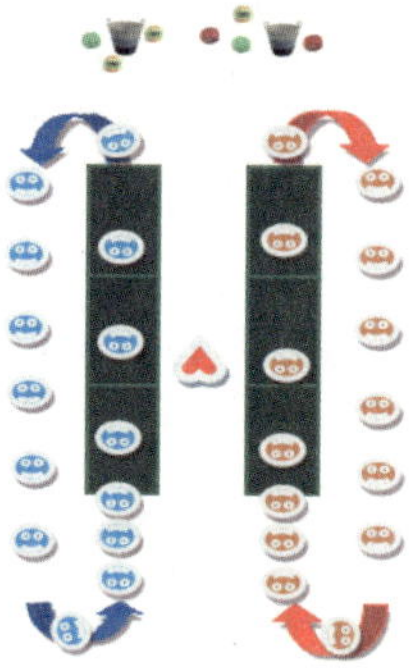 图2 爬行大比拼练习队列	各练习 3～5 组
结束部分 5分钟	1.放松游戏：好朋友 两个学生为一组手拉手，相互抖动手臂，而后互相拍打后背进行放松，最后背对背互相背起抖动腿部进行放松 2.教师带领学生一起整理、回收器械		

7. 发展"滚"的方式和方法

（1）滚的动作要领如下。直体侧身滚：预备时挺直身体横躺于垫上，双手上举，双腿夹紧，滚动时要用腰带动身体向侧面直体滚动，注意尽量调整好身体，避免偏离方向，注意滚动时头和脚不能贴近垫子，需要稍稍抬起。

双手抱胸直体侧身滚：与"直体侧身滚"相似，只是将双手紧抱于胸前。如图 2-1-13 所示。

图 2-1-13 双手抱胸直体侧身滚

双臂体侧直体侧身滚：预备时直体横躺于垫上，双臂贴于身体体侧，双手伸展五指并拢，双腿夹紧，滚动时要用腰带动身体向侧面直体滚动，注意尽量调整好身体，避免偏离方向，注意滚动时头和脚不能贴近垫子，需要稍稍抬起。

前滚翻：一蹲（两脚与肩同宽，屈膝、屈髋、弯腰下蹲）、二撑（两手比肩略宽屈臂靠近身体支撑）、三低头（抬臀低头，使头向两腿间靠近），四蹬腿，向前滚动似圆球（使后脑、肩、背、腰、臀依次着地，当背部着地时，屈膝团身，两手抱小腿，上体迅速跟紧大腿向前滚动成蹲立）。

团身滚：由蹲立开始，两手抱小腿，低头、团身后倒，经臀、腰、背、肩、头后部依次触垫向后滚动，当头后部触垫时，两手压小腿往回，向前滚至开始姿势，可反复进行。

（2）滚的练习方式及方法。

①烤香肠——滚的练习：把学生分队，学生当作香肠，在每队前摆

放体操垫当作烤箱，学生可以尝试使用直体侧身滚、双手抱胸直体侧身滚、双臂体侧直体侧身滚等不同滚的方式通过烤箱。

②小士兵学本领——前滚翻的练习：把学生当作小士兵，教师首先通过示范和口诀"一蹲、二撑、三低头、四蹬腿，向前滚动似圆球"，而后组织学生练习。对不敢做的学生，教师可以在学生左侧的垫子旁呈蹲姿保护学生，学生做前滚翻时，教师用左手托住学生颈下部，右手在学生臀部提供一个向前的推力来帮助学生完成前滚翻。如图2-1-14所示。

图 2-1-14 前滚翻

（3）滚的基本动作练习教案。

表 2-1-7

课程名称	烤香肠——"滚"的基本动作练习
课程目标	1. 掌握直体侧身滚、双手抱胸直体侧身滚的动作要领 2. 通过练习有效发展学生的肌肉控制能力
各种滚动作的要领	直体侧身滚：预备时挺直身体横躺于垫上，双手上举，双腿夹紧，滚动时要用腰带动身体向侧面直体滚动，注意尽量调整好身体，避免偏离方向，注意滚动时头和脚不能贴近垫子，需要稍稍抬起 双手抱胸直体侧身滚：预备时双手紧紧抱于胸前，挺直身体横躺于垫上，双腿夹紧，滚动时要用腰带动身体向侧面直体滚动，注意尽量调整好身体，避免偏离方向，滚动时头和脚稍稍抬起
所需器械	2 米 ×1 米的体操垫 8 块

续　表

教学过程		器械摆放及队列队形	组次
开始部分 2分钟	1.集合整队，师生问好，清点人数 2.情景导入：师：同学们！今天老师带你们玩一个特别有趣的游戏"烤香肠"。你们吃过烤香肠吗？谁能说一说它是怎么烤出来的		
准备部分 5分钟	热身游戏：香肠过烤箱 师：将学生分成两队，让学生采用学习过的各种爬行动作通过烤箱（体操垫），如右图 同学们！刚才我们采用爬行动作经过了烤箱，这样可以把香肠均匀地烤熟吗？经过学生讨论，引出"滚"的动作		练习 2～3 组
基本部分 28分钟	1.小火烤香肠——直体侧身滚 师：同学们！烤香肠有很多种方法，我们先来进行第一种"小火烤香肠"，火比较小，为了把香肠烤熟，我们要把烤肠变细，要慢慢地滚过烤箱。将学生分成两队，通过示范教学指导学生学习直体侧身滚，依次进行，如右图1 2.大火烤香肠——双手抱胸直体侧身滚 师：烤箱的火变大了，为了不使香肠烤煳，要把烤肠变粗，而且要快速滚过烤箱。通过示范教学指导学生学习双手抱胸直体侧身滚，依次进行，如右图1 3.烤肠大赛——滚的练习 师：接下来要进行烤肠大赛，看哪个队烤得又好又快。将学生分成四队，在队前摆放上体操垫，学生必须按要求采用滚的动作通过体操垫，滚动时注意滚动动作要标准，方向要控制好，如果从垫子上掉下来，要从掉下位置调整好方向重新开始，完成后返回完成接力，在不违反规则的情况下，用时越短成绩越好。练习队列如右图2	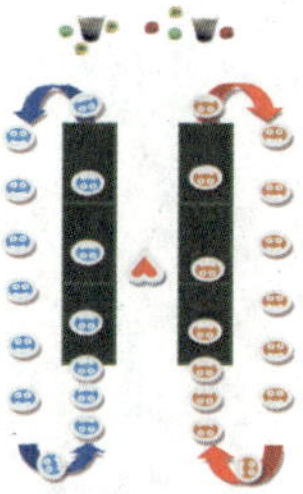 图1 烤香肠练习队列 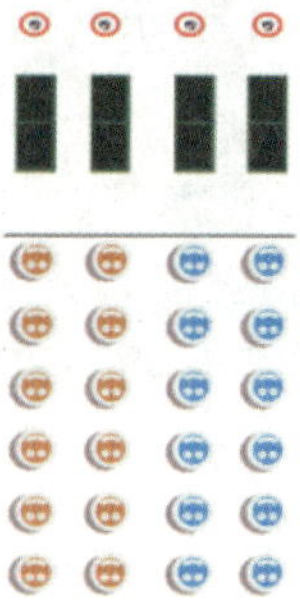 图2 烤肠大赛练习队列	各练习 3～5 组

续　表

| 结束部分
5分钟 | 1.放松游戏：品尝香肠
香肠烤好了，让我们品尝一下吧！教师带领学生吃香肠，老师说吃圆圆的香肠，学生蹲下紧抱身体；教师说吃长长的香肠，学生将手臂向上充分伸展；老师说吃弯弯的香肠，学生进行体侧拉伸
2.教师带领学生一起整理、回收器械 |  | |

8. 发展"钻"的方式和方法

（1）钻的动作要领如下。正面钻：要求面向障碍物，屈膝下蹲，低头弯腰，紧缩身体，两脚交替向前移动，从障碍物下钻过。如图 2-1-15 所示。

图 2-1-15　正面钻

侧面钻：要求身体侧对障碍物，屈膝下蹲，一侧腿先从障碍物下伸过去，重心落在后腿，然后低头弯腰，蹬伸后面的腿移动重心从障碍物下依次钻过头、躯干后蹬伸腿。如图 2-1-16 所示。

图 2-1-16　侧面钻

俯身钻：全身俯卧，俯爬钻过，爬行时左臂前伸，五指张开全掌按地，同时右腿屈膝前移，用左手的前臂和右脚的膝内侧同时支撑，使胸、腹稍抬离地面，同时右脚前蹬伸直，使躯干向前移动，注意臀部不要抬得太高，以免触碰障碍物。

（2）钻的练习方式及方法。

①贪吃蛇——正面钻的练习：把学生分成两排，让两排学生手拉手站立，双手高高举起，最后的学生从队列的手臂下"S"形——钻过，到队尾后与最后的同学手拉手举起，后面的学生——跟上，全部学生钻完一个循环后，倒着循环返回进行钻的练习。

②小老鼠躲猫猫——正面钻、侧面钻的练习：划定一块场地，在场地内建设几个粮仓（可以拿敏捷环当粮仓，若干沙包、网球等当粮食放在敏捷环内），在场地的周围摆放上若干门洞充当小老鼠的家。从班里选 4 名学生扮演"猫"在粮仓周围保护粮食，其他学生扮演"小老鼠"分别藏于门洞中，小老鼠要时不时地钻出洞，趁猫不注意把粮食偷出来放进洞里，每次只能拿 1 个食物；一旦被猫抓到（在进洞前触碰到即可，猫不可以跑进洞里抓小老鼠），就会成为猫的食物（猫把小老鼠放入粮仓，也就是敏捷环内），外面的小老鼠可以营救（在不被猫抓到的情况

下进入粮仓把被困的同伴拉出）。一组练习可以设定 5～6 分钟，每组可以练习一种钻的方法。

③快乐小蛇——正面、侧面、俯身钻的练习：把若干门洞间隔 2 米一条直线地正面摆放或斜侧面摆放，让学生分别采用不同方式——钻过门洞进行练习。钻的过程中注意规范学生的动作，不要把门洞碰倒。

（3）钻地基本动作练习教案及点评。

表 2-1-8

课程名称	小老鼠躲猫猫——"钻"的基本动作练习		
课程目标	1. 熟练掌握正面钻和侧面钻的动作要领 2. 有效发展身体动作的协调性、敏捷性		
钻动作的要领	正面钻：要求面向障碍物，屈膝下蹲，低头弯腰，紧缩身体，两脚交替向前移动，从障碍物下钻过 侧面钻：要求身体侧对障碍物，屈膝下蹲，一侧腿先从障碍物下伸过，然后低头弯腰，蹬伸另一侧腿移动重心从障碍物下依次钻过躯干和蹬伸腿		
所需器械	门洞 16 个、敏捷环 14 个、沙包若干、网球若干		
教学过程		器械摆放及队列队形	组次
开始部分 2 分钟	1. 集合整队，师生问好，清点人数 2. 情景导入：师：同学们，看过猫抓老鼠的动画片吗？小老鼠为了躲避猫经常躲在什么地方		
准备部分 5 分钟	热身游戏：小老鼠练本领 师：同学们刚才的回答非常对，小老鼠为了躲避猫常常钻进洞里。今天我们要学习钻的本领，组织学生成两队手拉手站立，双手高高举起，排头的学生从队列的手臂下"S"形——钻过，到队尾后与最后的学生手拉手举起，后面的学生——跟上，全部学生钻完一个循环后，倒循环返回。练习队列如右图		练习 2～3 组

续　表

基本部分 28分钟	1.灵活的小老鼠——钻洞练习 师：小老鼠为了不被猫抓到必须掌握灵活钻洞的本领。下面我们学习正面钻、侧面钻的方法 器械摆放：把门洞六个一组，之间间隔2米，两组间隔3米摆放；组织学生学习和练习正面钻、侧面钻。练习队列如右图1 2.小老鼠躲猫猫——钻洞练习 师：天气越来越冷了，过冬需要很多食物。据侦察兵报告，在不远处有一座大粮仓，里边有很多很多的粮食，足够我们过冬食用，但粮仓周围有4只猫（选4名学生扮演）保护，我们必须机警敏捷，趁猫不注意，把粮食偷出来放进我们的洞里，每次只能拿1个食物；一旦被猫抓到（在进洞前触碰到即可，猫不可以跑洞里抓小老鼠），就会成为猫的食物（猫把小老鼠放入粮仓——红色敏捷环内），外面的小老鼠可以营救（在不被猫抓到的情况下进入粮仓把被困的同伴拉出）。每组练习5～6分钟，而后更换4只猫，小朋友循环扮演猫的角色。小老鼠每4人为1组，看哪一组小老鼠偷出的粮食最多。练习队列及场地布置如右图2	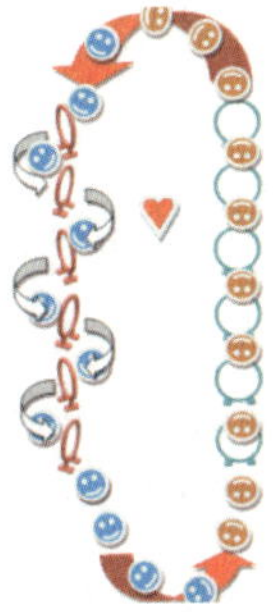 图1 灵活小老鼠练习队列 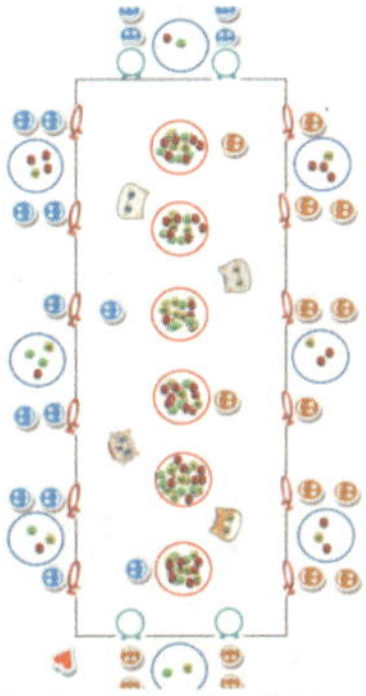 图2 小老鼠躲猫猫练习队列	各练习 4～5 组
结束部分 5分钟	1.放松游戏：拍拍操 我们已经储备了足够的过冬食物，接下来我们可以轻松地过冬了，下面一起做一个放松拍拍操吧，跟老师一起拍拍胳膊、拍拍腿、拍拍肩膀、拍拍屁股 2.带领学生一起整理、回收器械		

课程点评：

（1）本节课的课堂导入通过提问"同学们，看过猫抓老鼠的动画片吗？小老鼠为了躲避猫经常躲在什么地方？"，通过学生喜闻乐见的动画片"猫和老鼠"导入课堂主题"钻的动作"，导入自然、贴切，容易激发学生兴趣及参与热情。

（2）准备活动通过游戏"小老鼠练本领"进行，本游戏设计得非常巧妙，不用任何器材，只需学生手拉手就可进行钻的练习，既完成了准备活动，又融入了课堂主题"钻"。

（3）课堂基本部分首先通过游戏"灵活的小老鼠"，进行了钻动作的练习；而后通过游戏"小老鼠躲猫猫"使课堂达到高潮，非常好地使游戏与主题相结合，并通过获取食物多的组获胜，激发学生的参与热情。

（4）整个课堂一脉相承——"小老鼠的日常生活"，既锻炼了学生钻的基本动作，又使学生了解了小老鼠的生活习性，使整个课堂从始至终处于寓教于乐之中。

第二节　稳定类动作教学内容与方法

一、稳定类动作的概念和表现形式

稳定类动作是指控制身体稳定性的动作技能。主要通过下蹲、缓冲、伸展、屈体、转体、支撑、平衡、悬垂等形式展现出来。各形式又可以进一步细分。

（1）下蹲：半蹲、深蹲等。

（2）缓冲：跳深落地缓冲、跳远落地缓冲、跳高落地缓冲、跳远落地接前滚翻缓冲等。

（3）伸展：站姿向上伸展、站姿侧向伸展、俯撑向上伸展等。

（4）屈体：站位体前屈、坐位体前屈、坐位体侧屈等。

（5）转体：原地转体、向左转、向右转、向后转、跳起空中转体等。

（6）支撑：平板支撑、侧平板支撑、反向平板支撑等。

（7）平衡：地面单脚站立、启智砖单脚站立、平衡板双脚站立、平衡板单脚站立等。

（8）悬垂：双手抓杠悬垂、单手抓杠悬垂、双手抓绳悬垂等。

二、发展稳定类动作的方式和方法

1. 发展"下蹲"的方式和方法

（1）下蹲的动作要领：双脚并拢或与肩同宽，脚尖向前，自然站立，下蹲时，屈膝、屈髋，但头到腰部的躯干始终要保持笔直伸展状态，目视前方，上体略前倾，双手抱于胸前或向前伸展，无论是"半蹲"还是"深蹲"，双脚始终全脚掌着地，膝关节始终与脚尖方向一致，膝关节尽量不要超过脚尖。如图2-2-1、图2-2-2所示。

图 2-2-1 半蹲教学

图 2-2-2 深蹲教学

（2）下蹲的练习方式及方法。

①萝卜蹲——深蹲：将学生分成四队，每队以萝卜命名，例如：白萝卜队、红萝卜队、绿萝卜队、胡萝卜队。老师发出口令：白萝卜蹲（白萝卜队学生蹲下），白萝卜蹲完红萝卜蹲（白萝卜队学生起立，红萝卜队学生蹲下），红萝卜蹲完绿萝卜蹲（红萝卜队学生起立，绿萝卜队学生蹲下），绿萝卜蹲完胡萝卜蹲（绿萝卜队学生起立，胡萝卜队学生蹲下），胡萝卜蹲完全部蹲（全部学生下蹲）。教师可以随意变换下蹲的队，一方面练习下蹲动作，一方面练习学生的反应能力。

②小白兔翻地——半蹲：将学生分成四队，在每队前每隔半米摆放一个速叠杯，每队摆放 8 个。要求学生像小兔子一样双脚跳到速叠杯前呈半蹲，而后双手拿起速叠杯翻过来放回原有位置，接着往前跳，完成所有速叠杯的翻转，后面的同学一一跟上。如图 2-2-3、图 2-2-4 所示。

图 2-2-3 蹲的练习

图 2-2-4 蹲的练习

③小白兔打地鼠——深蹲：在操场摆放一些直径40厘米敏捷环（当作地鼠洞）和沙包（当作种的萝卜），环与环间隔2～3米。一部分学生蹲在环中扮演地鼠，一部分学生手拿海绵棒扮演小白兔，地鼠站起或跑出洞偷萝卜，小白兔就可以拿海绵棒打地鼠，当地鼠进洞蹲下后就不可以打了。

（3）下蹲的基本动作练习教案。

表2-2-1

课程名称	小白兔和小萝卜——"下蹲"的基本动作练习		
课程目标	1. 掌握半蹲深蹲的动作要领 2. 培养学生的规则意识		
下蹲动作的要领	双脚并拢或与肩同宽，脚尖向前，自然站立，下蹲时，屈膝、屈髋，但头到腰部的躯干始终要保持笔直伸展状态，目视前方，上体略前倾，双手抱于胸前或向前伸展，无论是"半蹲"还是"深蹲"，双脚始终全脚掌着地，膝关节始终与脚尖方向一致，膝关节尽量不要超过脚尖		
所需器械	敏捷环若干、沙包若干、速叠杯32个、海绵棒若干		
教学过程		器械摆放及队列队形	组次
开始部分 2分钟	1. 集合整队，师幼问好，清点人数 2. 谜语导入：师：老师有一个谜语，请小朋友来猜一猜：白公鸡，绿尾巴，一头钻进泥土里 （谜底：白萝卜）		
准备部分 5分钟	热身游戏：萝卜蹲 师：刚才的谜语谜底是白萝卜，萝卜深扎在泥土里，下面同学们变成可爱的小萝卜玩萝卜蹲的游戏，深蹲下去就像萝卜深扎在泥土里 将学生分成四队，分别为白萝卜队、红萝卜队、绿萝卜队、胡萝卜队。老师发出口令：白萝卜蹲（白萝卜队学生蹲下），白萝卜蹲完红萝卜蹲（白萝卜队学生起立，红萝卜队学生蹲下）。教师可以随意变换下蹲的队。练习队列如右图	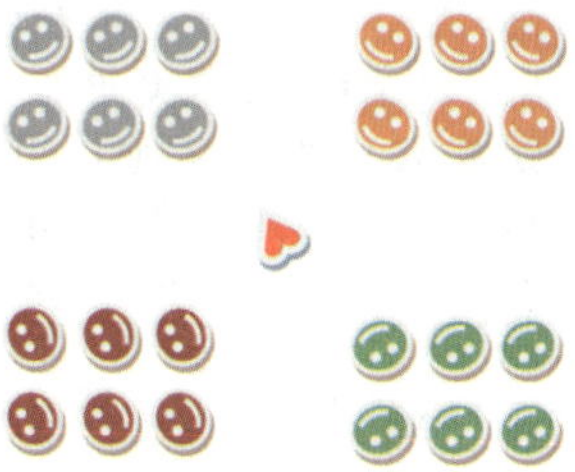	练习 5组

| 基本部分
28分钟 | 1. 小白兔翻地——半蹲
师：什么动物爱吃萝卜呀？学生回答，引出小兔子。小兔子要种萝卜，种之前要松土，下面同学们变身小白兔来松土。将学生分成四队，在每队前每隔半米摆放一个速叠杯，每队摆放8个。要求学生像小兔子一样双脚跳到速叠杯前呈半蹲，而后双手拿起速叠杯翻过来放回原有位置，接着往前跳，完成所有速叠杯的翻转，后面的同学一一跟上。练习熟练后，四队可以比赛，看哪个队完成得又快又好。练习队列队形如右图1
2. 小白兔打地鼠——深蹲
小白兔辛辛苦苦种的萝卜长大了，但经常有地鼠来偷萝卜，我们要拿起武器保护萝卜。在操场摆放一些直径40厘米敏捷环（当作地鼠洞）和沙包（当作种的萝卜），环与环间隔2~3米。一部分学生蹲在环中扮演地鼠，一部分学生手拿海绵棒扮演小白兔，地鼠站起或跑出洞偷萝卜，小白兔就可以拿海绵棒打地鼠，地鼠当被击打到必须跑回洞蹲下，当地鼠进洞蹲下后就不可以打了。练习队列队形如右图2 | 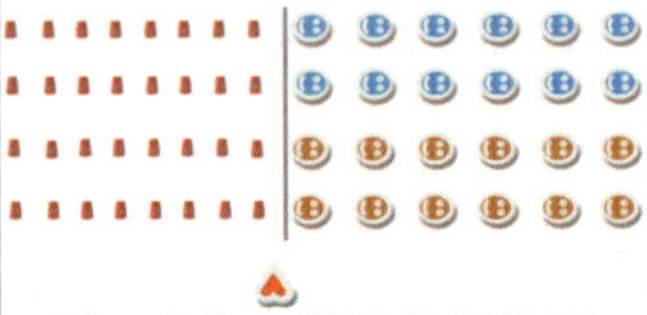 图 1 小白兔翻地练习队列 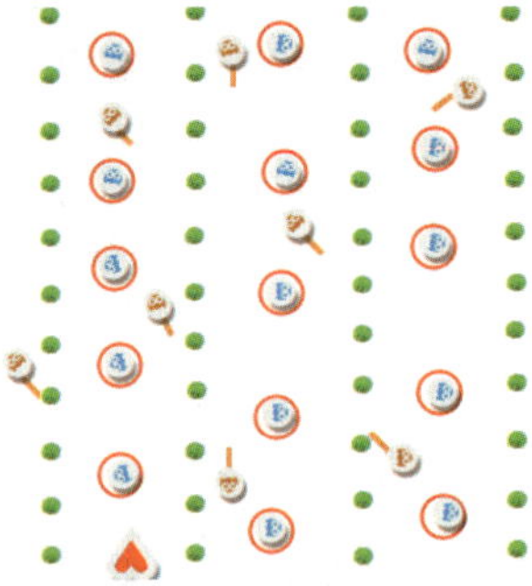

图 2 小白兔打地鼠练习队列 | 每种形式练习3~5组 |
| 结束部分
3分钟 | 1. 放松游戏：甩甩操
师：哇，太棒了，小兔子种的萝卜丰收啦！接下来跟着老师一起跳起来庆祝一下吧！甩甩胳膊，甩甩腿，蹦蹦跳跳真开心
2. 带领学生一起整理、回收器械 |  | |

2. 发展"缓冲"的方式和方法

（1）缓冲的动作要领：落地时，前脚掌先着地，而后过渡到足弓和足跟，在着地的同时迅速屈膝、屈髋、屈踝完成全身的缓冲，成半蹲或深蹲姿势；如果冲击力过大还可以通过接前滚翻来完成。

（2）缓冲的练习方式及方法。

①平稳降落小伞兵——跳深落地缓冲：把学生分成四队，在每队前摆放一个50厘米高的跳箱（当作飞机），学生先攀登上跳箱，在跳箱前端双脚开立与肩同宽站好，而后微微屈膝、双脚蹬伸，从跳箱上跳下，完成落地缓冲练习，要求学生平稳着陆，稳定后再起身离开，到队列后面进行循环练习。如图2-2-5所示。

图 2-2-5　缓冲练习

②小青蛙跳荷叶——跳远落地缓冲：把学生分成四队，在每队前摆放5个直径40厘米的敏捷环当荷叶，环与环间隔50～60厘米，要求学生双脚起跳，连续完成五个环的跳跃，跳跃中注意落地缓冲动作的完成质量，而后到队列后面进行循环练习。

③小青蛙跳障碍——跳高落地缓冲：把学生分成四队，在每队前摆放5个高度30厘米的敏捷栏，栏与栏间隔40～50厘米，要求学生双脚起跳，连续完成五个栏的跳跃，主要往高处跳，跳跃中注意落地缓冲动作的完成质量，而后到队列后面进行循环练习。

④小伞兵集训——跳远落地接前滚翻缓冲：把学生分成四队，在每队前摆放一个30厘米高的跳箱，再在跳箱前1米处摆放上2米×1米的体操垫，学生先跳上跳箱，在跳箱前端双脚开立与肩同宽站好，而后微微屈膝双脚蹬伸从跳箱上向前跳下，落地后先通过屈膝屈髋完成适当的

落地缓冲，接着重心向前，双腿蹬伸，两手撑在体操垫上完成前滚翻团身而起，而后到队列后面进行循环练习。如图2-2-6所示。

图2-2-6 缓冲练习

⑤飞跃的小猴子——跳马落地接前滚翻缓冲：把学生分成四队，在每队5米前摆放一个90厘米高的跳马，再在跳马前1米处摆放上2米×1米的体操垫，学生首先助跑双手撑跳马跳过，而后双脚并拢完成适当的屈膝屈髋落地缓冲，接着重心向前，双腿蹬伸，两手撑在体操垫上完成前滚翻团身而起。而后到队列后面进行循环练习。

（3）缓冲动作的基本练习教案。

表2-2-2

课程名称	小伞兵——"缓冲"动作的基本练习		
课程目标	1.勇敢完成跳深练习，较好掌握落地缓冲动作 2.培养学生坚强、勇敢的品质		
下肢"缓冲"动作的要领	落地时，前脚掌先着地，而后过渡到足弓和足跟，在着地的同时迅速屈膝、屈髋、屈踝完成全身的缓冲，成半蹲或深蹲姿势		
所需器械	直径40厘米敏捷环20个、40厘米高跳箱4个、2米×1米体操垫4块、布基胶带1卷		
教学过程		器械摆放及队列队形	组次
开始部分2分钟	1.集合整队，师生问好，清点人数 2.情景导入：师：同学们，今天我们一起学习"伞兵"跳伞，看谁跳得既精准又平稳		

续　表

准备部分 5分钟	**热身游戏：小伞兵定点降落** 师：把学生分成四队，每队前摆放5个敏捷环（环呈S形摆放，之间间隔40～50厘米）当作小伞兵的降落点，要求学生双脚跳跃准确落入环中并完成缓冲动作平稳落地，而后依次跳入每个环。练习队列队形如右图	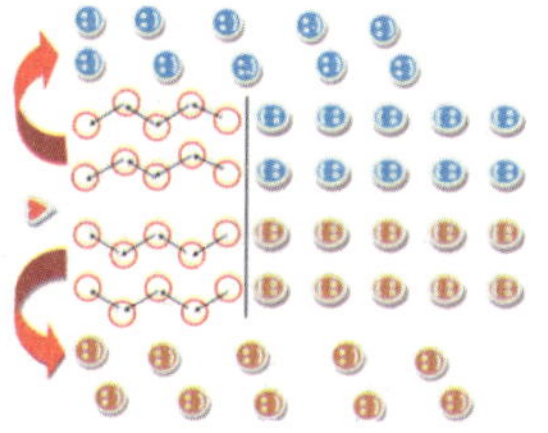	练习 3组
基本部分 28分钟	**1. 平稳降落小伞兵——跳深落地缓冲** 师：小伞兵们！为了更好地学习跳伞落地动作，下面我们要从飞机（拿跳箱当作机舱）上跳下进行练习。把学生分成四队，每队前摆放一个40厘米高的跳箱，学生先登上飞机（跳箱），在跳箱前端双脚开立与肩同宽站好，而后微微屈膝双脚蹬伸从跳箱上跳下，完成落地缓冲练习，要求学生平稳着陆，稳定后再起身离开，而后到队列后面进行循环练习。教师首先进行示范，然后让学生练习，练习中即时指导，也可以让做得好的学生示范。练习队列如右图1 **2. 小伞兵集训——跳远落地接前滚翻缓冲** 师：小伞兵们！通过刚才的练习，你们已经非常好地掌握了落地动作，下面要增强训练难度。把学生分成四队，每队前摆放一个40厘米高的跳箱，再在跳箱前1米处摆放上2米×1米的体操垫，学生先登上跳箱，在跳箱前端双脚开立与肩同宽站好，而后微微屈膝双脚蹬伸从跳箱上向前跳下（要求有一定的远度，接近体操垫），落地后首先屈膝屈髋完成适当的落地缓冲，接着重心向前，双腿蹬伸，两手撑在体操垫上完成前滚翻团身而起，而后到队列后面进行循环练习。练习队列如图右2	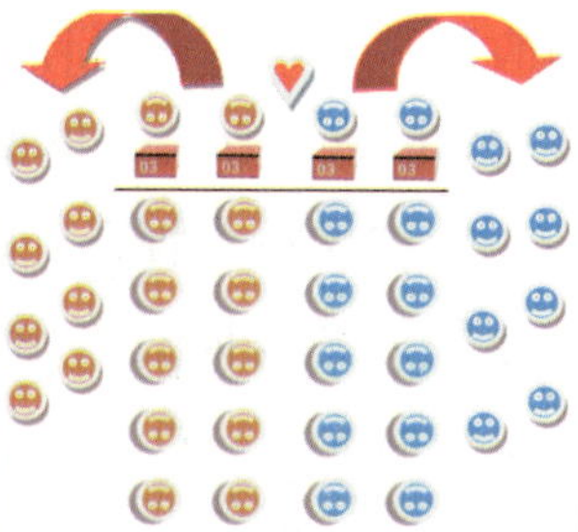 图1 平稳降落小伞兵练习队列 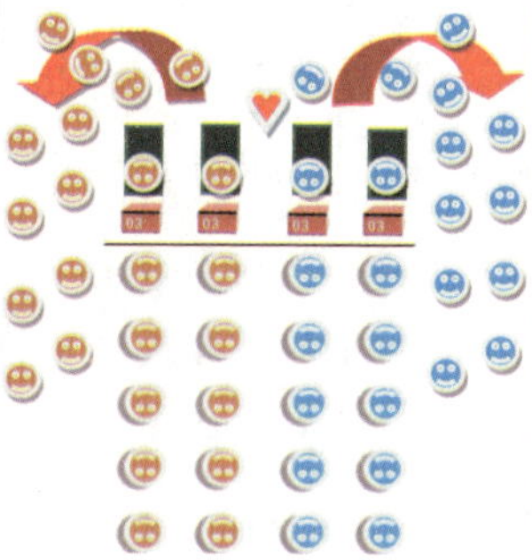 图2 跳跃小栏架队列	各练习 5组

续　表

结束部分 5分钟	1. 放松游戏：欢快的小伞兵 小伞兵们太棒了，经过训练大家都掌握了落地的技巧，为你们的勇敢欢呼吧。教师带着学生欢快地原地跳跃，甩甩手臂，甩甩腿，而后双手高举，掌心向前做向后的伸展，完成放松练习 2. 教师带领学生一起整理、回收器械	

3. 发展"伸展"的方式和方法

（1）伸展的动作要领如下。站姿向上伸展：两脚并拢自然站立，吸气，将手臂伸向两侧并向上伸展，手掌在头顶上方相对，手指自然分开，手臂非常直地伸展，带动身体向上充分伸展，抬头将目光看向自己的手指。保持均匀呼吸，保持身体稳定，坚持30秒。

站姿侧向伸展：双脚开立，与肩同宽；两手臂向上伸展，两手于头顶合十，躯干向左或向右侧屈，注意不要弯腰，始终保持人体的四肢、躯干在一个平面上，一直侧屈到最大幅度，保持30秒。一侧完成再练习另一侧。

俯撑向上伸展：俯身在垫子上，双手在胸部两侧撑地，伸直双腿，双脚靠拢，膝盖绷直，脚趾指向后。吸气，双手用力按压地面，充分抬起头部和躯干，双腿绷直，将身体重量放在两腿和双掌上，保持自然呼吸，维持这个姿势30秒。

（2）伸展的练习方式及方法。

①苗壮生长的小树苗——站姿向上伸展：把学生分成四队，可以两队相向站立，中间保持3～5米距离，教师可以站在中间示范指导，要求学生成体操队形散开，两脚并拢自然站立，吸气，将手臂伸向两侧并向上伸展，手掌在头顶上方相对，手指自然分开，手臂非常直地伸展，带动身体向上充分伸展，抬头将目光看向自己的手指。保持均匀呼吸，保持身体稳定，一开始可以先稳定10秒，慢慢增加稳定时间，直到坚持

30秒。

②风吹树苗——站姿侧向伸展：队列与上相同，要求学生双脚开立，与肩同宽；两手臂向上伸展，两手于头顶合十，躯干向左或向右侧屈，注意不要弯腰，始终保持人体的四肢、躯干在一个平面上，一直侧屈到最大幅度，一开始可以先稳定10秒，慢慢增加稳定时间，直到坚持30秒。两侧交替练习。

③悠闲的眼镜蛇——俯撑向上伸展：队列与上相同，前后距离适当增大。要求学生双手在胸部两侧撑地，伸直双腿，双脚靠拢，膝盖绷直，脚趾指向后。吸气，双手用力按压地面，充分抬起头部和躯干，双腿绷直，将身体重量放在两腿和双掌上，保持自然呼吸，一开始可以先稳定10秒，慢慢增加稳定时间，直到坚持30秒。如图2-2-7。

图 2-2-7 眼镜蛇练习

④人体弓箭——俯卧两头向上伸展：队列与上相同，要求学生俯卧于垫上，面部朝下，下巴贴地，两手臂自然放松放置于身体两侧。双腿并拢，腰腹部、臀部，两脚脚背压实地垫。然后呼气，屈曲双腿膝盖，两小腿斜向头部方向延展，同时双手手臂向身体后方伸展，用双手分别抓握双脚的脚踝处，头部微扬，下巴离地，手臂保持平直状态，维持均匀的呼吸节奏。深深呼气，两腿膝盖之间可微微分开一些距离，手臂发力拉动双腿逐渐离开地面，同时带动胸部离开地垫，手臂发力尽量拉起抬高双腿位置，从侧面来看整个身体拉紧成一个弓形，尽量让胸部和骨

盆远离地垫至身体最大限度，腰腹部肌群保持紧绷发力状态，来支撑身体的整个重心，头部微抬，双眼目视前方，待动作体式保持稳定后，可以先保持 10 秒，慢慢增加保持时间，直到坚持 30 秒。如图 2-2-8。

图 2-2-8 人体弓箭练习

（3）伸展的基本动作练习教案。

表 2-2-3

课程名称	我要快快长高——"伸展"的基本动作练习		
课程目标	1. 较好掌握站姿向上伸展、站姿侧向伸展、俯撑向上伸展的动作标准 2. 培养学生的身体控制能力和专注力		
站姿向上伸展动作要领	站姿向上伸展：两脚并拢自然站立，吸气，将手臂伸向两侧并向上伸展，手掌在头顶上方相对，手指自然分开，手臂非常直地伸展，带动身体向上充分伸展，抬头将目光看向自己的手指。保持均匀呼吸，保持身体稳定，坚持 30 秒		
所需器械			
	教学过程	器械摆放及队列队形	组次
开始部分 2 分钟	1. 集合整队，师生问好，清点人数 2. 情景导入：师：同学们，你们想快点长高吗？今天我们一起来学习快快长高的训练方法		
准备部分 5 分钟	热身游戏：看谁反应快 教师带学生围成圈跑起来，在跑的过程中发出不同指令，如向后转跑、蹲下、单脚站立等，练习学生的注意力。练习队列队形如右图		练习 1 组

| 基本部分
28分钟 | 1. 苗壮生长的小树苗——站姿向上伸展
师：我们的热身活动结束了，下面的游戏更需要同学们集中注意力。专注力越好，身体控制得越好，长得越快。把学生分成四队，可以两队相向站立，中间保持 3～5 米距离，教师站在中间示范指导，要求学生两脚并拢自然站立，吸气，将手臂伸向两侧并向上伸展，手掌在头顶上方相对，手指自然分开，手臂非常直地伸展，带动身体向上充分伸展，抬头将目光看向自己的手指。保持均匀呼吸，保持身体稳定，一开始可以先稳定 10 秒，慢慢增加稳定时间，直到坚持 30 秒。练习队列如右图
2. 风吹树苗——站姿侧向伸展
队列与上相同，要求学生双脚开立，与肩同宽；两手臂向上伸展，两手于头顶合十，躯干向左或向右侧屈，注意不要弯腰，始终保持人体的四肢、躯干在一个平面上，一直侧屈到最大幅度，一开始可以先稳定 10 秒，慢慢增加稳定时间，直到坚持 30 秒。两侧交替练习
3. 悠闲的眼镜蛇——俯撑向上伸展
队列与上相同，前后距离适当增大。要求学生双手在胸部两侧撑地，伸直双腿，双脚靠拢，膝盖绷直，脚趾指向后。吸气，双手用力按压地面，充分抬起头部和躯干，双腿绷直，将身体重量放在两腿和双掌上，保持自然呼吸，一开始可以先稳定 10 秒，慢慢增加稳定时间，直到坚持 30 秒 | 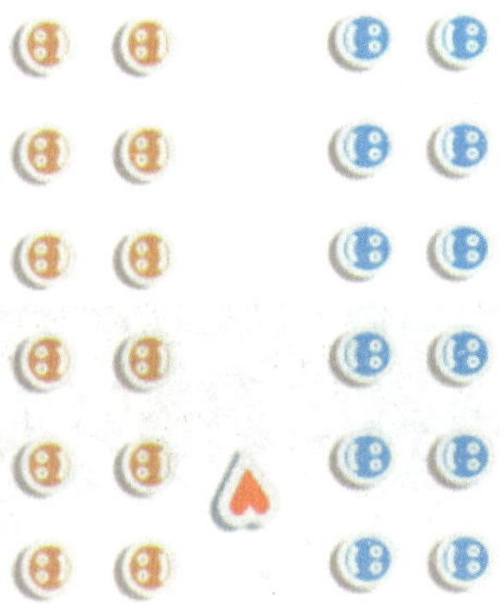 | 每种
形式
练习
5～6
组 |

续　表

结束部分 5分钟	1. 放松游戏：跳跳操 同学们的伸展动作练习得非常好！下面我们一块来跳一跳，放松一下身体。通过双脚轻跳，单脚轻跳，弹腿跳等来完成放松练习 2. 教师带领学生一起整理场地		

4. 发展"屈体"的方式和方法

（1）屈体的动作要领如下。站位体前屈：首先双脚并拢自然站立，而后双臂向上伸展手心朝前，然后屈髋上体前屈，两手向下接近地面或触地，两腿始终保持伸直，最后到达最大幅度保持30秒。

坐位体前屈：坐在垫子上，双脚并拢，两腿伸直，而后屈髋、弯腰上体向前，头部靠近腿部，手臂尽量往前伸，两腿始终保持伸直状态，最后到达最大幅度保持30秒。如图2-2-9所示。

图 2-2-9 坐位体前屈练习

坐位体侧屈（以左屈为例）：首先要求学生坐在垫子上，把左腿向左侧伸出，右腿盘腿贴地，然后左手由腹前抱右腰，上体向左侧屈，右手伸向左脚，视线看向右斜上方，最后到达最大幅度保持30秒。

躺位体后屈（背桥）：平躺在垫子上，两臂屈肘向头上方伸展，双手放在头部两侧，双脚尽量靠近臀部，膝盖并拢在一起。双脚用力下压，双手用力推，背部、臀部、大腿后侧发力，把身体向上拱起，使头、躯干、腿离开地面；只依靠手和脚支撑身体；动作在这个阶段保持30秒。

跪姿体后屈：双膝与肩同宽，脚背着地跪在垫子上，两手臂向背后方伸展，双手放在两脚踝上直臂支撑，同时髋部往前送，头部后仰，胸腹部向上拱起，保持这个姿势30秒。如图2-2-10所示。

图 2-2-10　跪姿体后屈练习

（2）屈体的练习方式及方法。

①柔韧大比拼第一式——站位体前屈：把学生分成四队，可以两队

相向站立，中间保持 3～5 米距离，教师可以站在中间示范指导，要求学生成体操队形散开，两脚并拢自然站立，双臂向上伸展手心朝前，然后屈髋上体前屈，两手向下接近地面或触地。

②柔韧大比拼第二式——坐位体前屈：保持"站位体前屈"的队列队形不变，每位学生拿一个练习垫铺在原先位置，坐在垫子上进行坐位体前屈练习，坐位体前屈练习时注意屈髋前屈，不要只是弯腰。

③柔韧大比拼第三式——坐位体侧屈：保持"坐位体前屈"的队列队形不变，坐的方向变一下即可，坐在垫子上进行坐位体侧屈练习，一侧练完换另一侧练习，教师及时指导和纠正。

（3）屈体的基本动作练习教案。

表 2-2-4

课程名称	柔韧大比拼——"屈体"的基本动作练习		
课程目标	1. 较好掌握站位体前屈、坐位体前屈、坐位体侧屈的动作标准 2. 培养学生的身体控制能力和专注力		
站姿向上伸展动作要领	站位体前屈：首先要求学生双脚并拢自然站立，而后双臂向上伸展手心朝前，然后屈髋上体前屈，两手向下接近地面或触地，两腿始终保持伸直，最后到达最大幅度保持30秒		
所需器械	敏捷环 10 个、门洞 5 个、练习垫若干		
	教学过程	器械摆放及队列队形	组次
开始部分 2分钟	1. 集合整队，师生问好，清点人数 2. 情景导入：师：同学们，今天我们比一比谁的身体最柔软		
准备部分 5分钟	热身游戏：充分热起来 师：同学们，柔韧练习必须做好充分热身活动，才能避免受伤和获得好成绩。教师带学生采用各种跑（慢跑、高抬腿跑、侧向跑等）、各种跳（双脚跳、单脚跳、开合跳等）的方式通过敏捷环，而后采用正面钻、侧面钻等方式通过门洞，循环进行练习。练习队列队形如右图		练习 1组

续　表

| 基本部分 28分钟 | 1. 柔韧大比拼第一式——站位体前屈
师：我们的热身活动结束了，下面柔韧大比拼开始。把学生分成四队，可以两队相向站立，中间保持 3 ~ 5 米距离，教师可以站在中间示范指导，要求学生成体操队形散开，两脚并拢自然站立来进行站位体前屈的学习和练习，看谁的手可以触地。一开始可以先屈体 10 秒，慢慢增加练习时间，直到坚持 30 秒，组间可以休息 20 秒。练习队列如右图 1
2. 柔韧大比拼第二式——坐位体前屈
保持柔韧大比拼第一式的队列队形不变，每位学生拿一个练习垫铺在原先位置，坐在垫子上。教师可坐在中间示范指导，进行坐位体前屈的学习和练习。一开始可以先屈体 10 秒，慢慢增加时间，直到坚持 30 秒，组间可以休息 20 秒。练习队列如右图 2
3. 柔韧大比拼第三式——坐位体侧屈
保持柔韧大比拼第二式的队列队形不变，坐的方向变一下，如右图 3；教师坐在四队的前面示范指导，进行坐位体侧屈的学习和练习。一开始可以先屈体 10 秒，慢慢增加时间，直到坚持 30 秒，组间可以休息 20 秒。练习队列如右图 3 | 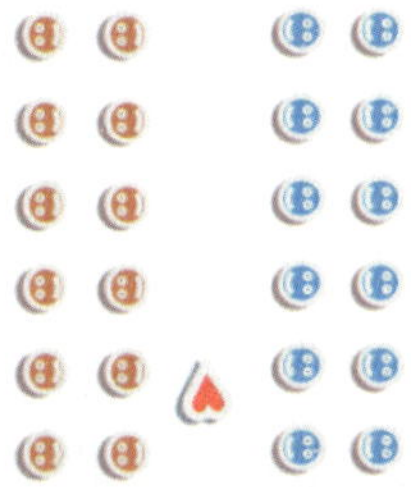 图 1 比拼第一式练习队列 

图 2 比拼第二式练习队列 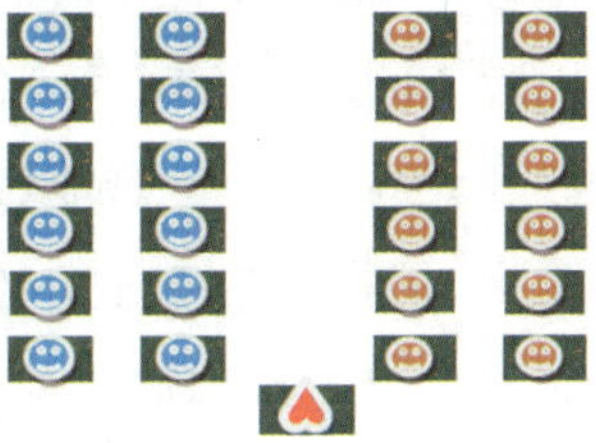

图 3 比拼第三式练习队列 | 每种形式练习 5 ~ 6 组 |
| 结束部分 5 分钟 | 1. 放松游戏：滚动的小猴子
同学们的屈体动作练习得非常好！下面我们一块来滚一滚放松一下，通过团身滚、侧身滚、前滚翻等方式来完成放松练习
2. 教师带领学生一起整理、回收器械 |  | |

5.发展"转体"的方式和方法

（1）转体的动作要领如下。原地转体：双脚开立与肩同宽，两脚稳定支撑不动，上体各环节协调向左或向右转动，保持身体平衡。

向左转：以左脚跟为轴，左脚跟和右脚掌前部同时用力，使身体协调一致向左转90°，体重落在左脚，右脚取捷径迅速靠拢左脚，成立正姿势。转动和靠脚时，两腿挺直，上体保持立正姿势。

向右转：以右脚跟为轴，右脚跟和左脚掌前部同时用力，使身体协调一致向右转90°，体重落在右脚，左脚取捷径迅速靠拢右脚，成立正姿势。转动和靠脚时，两腿挺直，上体保持立正姿势。

向后转：以右脚跟为轴，右脚跟和左脚掌前部同时用力，使身体协调一致向右转180°，体重落在右脚，左脚取捷径迅速靠拢右脚，成立正姿势。转动和靠脚时，两腿挺直，上体保持立正姿势。

跳起空中转体：起始姿势学生两脚并拢自然站立，而后蹬地原地向上跳起，空中完成向左或向右转体，平稳落地，保持平衡自然站立。

（2）转体的练习方式及方法。

①小小运输队——原地转体：学生在球架与球筐间排成一队，第一个学生拿球原地左、右交替转体传给后面的学生，两脚稳定支撑不动，后面学生双手接球后也原地左、右交替转体传给后面学生形成"传送带"，最后一个学生也原地左、右交替转体将球投进球筐。球传完后，全部向后转，再把球传回来。

②小士兵队列操练——原地转法：学生站成四队，按口令进行原地转法练习，包括向左转、向右转、向后转三种。

③小士兵队列转法赛——原地转法：将学生分成四队，按照口令："向左转、向左转、向右转、向右转、向后转、向左转、向右转、向后转"一队一队进行转法练习，看哪一队学生整齐划一，犯错少；哪个队获胜。

④体操小王子——跳起空中转体：学生站成四队，按口令进行跳起

空中转体练习，包括向左（向右）跳转90°、向左（向右）跳转180°、向左（向右）跳转360°。如图2-2-11所示。

图2-2-11 跳跃转体练习

⑤通过吊桥——吊桥转体：学生成一路纵队排列，一一排队通过吊桥，学生掌握通过吊桥的方法后，教师可以晃动吊桥模拟风浪，学生上吊桥后为了维持身体平衡需要两手交替握住吊绳，身体左右交替转体通过。如图2-2-12所示。

图2-2-12 吊桥转体练习

（3）转体的基本动作练习教案。

表 2-2-5

课程名称	小士兵操练场——"转体"的基本动作练习		
课程目标	1. 熟练掌握原地转法的动作要领 2. 通过练习锻炼学生的身体协调能力和规则意识		
原地转法动作的要领	向左（右）转：以左（右）脚跟为轴，左（右）脚跟和右（左）脚掌前部同时用力，使身体协调一致向左（右）转90°，重心落在左（右）脚，右（左）脚取捷径迅速靠拢左（右）脚，成立正姿势。转动和靠脚时两腿挺直，上体保持立正姿势 向后转：以右脚跟为轴，右脚跟和左脚掌前部同时用力，使身体协调一致向右转180°，体重落在右脚，左脚取捷径迅速靠拢右脚，成立正姿势。转动和靠脚时，两腿挺直，上体保持立正姿势		
所需器械	篮球 6 ~ 8 个		
教学过程		器械摆放及队列队形	组次
开始部分 2分钟	1. 集合整队，师生问好，清点人数 2. 情景导入：师：同学们！学校的运动会即将召开，运动会上各班要进行队列队形比赛，今天我们要像军队一样进行队列操练		
准备部分 5分钟	热身游戏：小小运输队——原地转体 师：小士兵们！部队买了一批西瓜，需要我们组成运输队把西瓜搬运到仓库。让学生围成一个圈前后排列站立，前后间隔50厘米，教师把篮球当作西瓜给到学生手中，要求学生双手抱球原地左、右交替转体传给后面的学生，两脚稳定支撑不动，后面学生双手接球后也原地左、右交替转体传给后面学生形成"传送带"。练习队列如右图	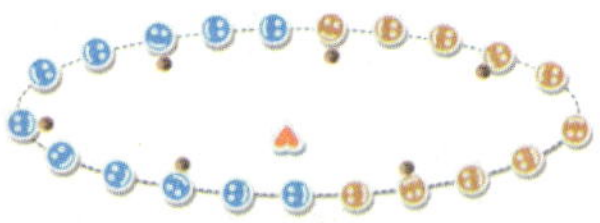	练习 1组

| 基本部分 28分钟 | 1. 小士兵队列操练——原地转法
师：小士兵们！我们圆满完成了西瓜的搬运任务，刚才我们在传送西瓜的时候采用什么动作把西瓜传给后面战友的？引出"转体"动作。下面我们来进行转体的操练。将学生站成四队，按口令进行原地转法练习，包括向左转、向右转、向后转三种。练习队列如右图1
2. 小士兵队列转法赛——原地转法
师：小士兵们经过刚才的练习已经很好地掌握了原地转法，下面我们分队比赛，看哪一队掌握得最好？出问题的小士兵要罚做5个蹲起。将学生分成四队，按照口令："向左转、向左转、向右转、向右转、向后转、向左转、向右转、向后转"一队一队进行转法练习，看哪一队学生整齐划一，犯错少，哪个队获胜。其他三队和老师当裁判，及时发现出错的小士兵。每队比赛结束后对发生错误的小士兵罚做5个蹲起。练习队列如右图2 |  图1 小士兵操练练习队列 

图2 小士兵转法赛练习队列 | 小士兵队列操练练习18分钟

小士兵队列转法赛10分钟 |
| 结束部分 5分钟 | 1. 放松游戏：功夫小士兵
教师带着学生进行站姿向上伸展、侧向伸展、站位体前屈、俯撑向后伸展、轻跳的身体拉伸放松练习
2. 教师带领学生一起整理、回收器械 |  | |

6. 发展"支撑"的方式和方法

（1）支撑的动作要领如下。平板支撑：俯身在垫上，调整双肘臂与肩同宽，肘关节弯曲，使两前臂紧贴支撑在地面，同时两手都放平于地面；让躯干和腿伸直，以两腿前脚掌或脚趾着地，使头、胸、腹、腿悬空，让头、肩、背、胯和脚踝处于同一直线上，以此姿势做静力支撑30秒。

侧平板支撑（以右侧支撑为例）：右侧侧卧，双腿伸直，臀部和脚放在垫子上。右臂弯曲，小臂向前伸直，贴在垫子上，肘部在肩膀的正下方。确保头部与脊椎在一条直线上。左臂可以贴在身体的左侧。而后将臀部和膝盖从垫子上抬起，保持躯干笔直，不要下垂或弯曲，保持这个姿势30秒。

反向平板支撑：坐在垫上，身体后倾双手放在体侧，手指张开朝向正前方，调整双手与肩同宽，两腿并拢前伸，以双手和脚跟撑起身体，头、躯干、腿呈一条直线，肩、肘、腕呈一条直线，保持这个姿势30秒。

（2）支撑的练习方式及方法。

①小小桥梁设计师——各支撑练习：把学生分成四队，教师可以站在前面示范指导。教学时首先鼓励学生去思考人体做出什么样的动作像桥梁，如臀桥，如图2-2-13所示，让学生积极尝试，而后引导学生进行平板支撑、侧平板支撑、反向平板支撑的学习和练习，练习应循序渐进，开始每个动作可以只坚持5～10秒，慢慢增加保持的时间。

图 2-2-13 臀桥支撑练习

②平板支撑大循环——各支撑练习：把学生分成四队，在教师口令下首先让学生进行平板支撑练习，而后进行左侧平板支撑练习，然后

进行反向平板支撑，最后进行右侧平板支撑练习，一个循环结束后休息30 ~ 50秒，再进行下一个循环的练习。每个动作从坚持5 ~ 10秒开始，根据学生体能情况慢慢增加保持的时间。

③桥梁稳定赛——各支撑练习：把学生分成四队，在教师口令下首先让学生进行平板支撑练习，而后进行左侧平板支撑练习，然后进行反向平板支撑，最后进行右侧平板支撑练习，每个动作30秒，看看哪队坚持下来的人数多，哪队获胜。

（3）支撑的基本动作练习教案。

表 2-2-6

课程名称	小小桥梁设计师——"支撑"的基本动作练习		
课程目标	1. 较好掌握平板支撑、侧平板支撑、反向平板支撑基本动作 2. 有效发展学生核心力量，增强学生动作的稳定性		
平板支撑 动作要领	平板支撑：俯身在垫上，调整双肘臂与肩同宽，肘关节弯曲，使两前臂紧贴支撑在地面，同时两手都放平于地面；让躯干和腿伸直，以两腿前脚掌或脚趾着地，使头、胸、腹、腿悬空，让头、肩、背、胯和脚踝处于同一直线上，以此姿势做静力支撑30秒		
所需器械	体操垫每人1块、门洞4个		
	教学过程	器械摆放及队列队形	组次
开始部分 2分钟	1. 集合整队，师生问好，清点人数 2. 情景导入：师：同学们！今天我们要利用人体动作来设计桥梁，一会儿大家努力思考，看看谁设计的桥梁既坚固又优美		
准备部分 5分钟	热身游戏：学本领——钻一钻爬一爬 师：大家先跟老师做一下热身练习。同学们都长大了，要不断地学习本领才能变得越来越强大，下面跟着老师来钻一钻爬一爬。将学生排成一队，像熊一样爬过4个门洞，然后再跪爬通过前面的大桥（体操垫），最后俯爬通过大草地（体操垫）。练习队列如右图		练习 3组

续　表

| 基本部分 28分钟 | 1. 小小桥梁设计师——各支撑练习
先把学生分成四队，每个学生拿一块体操垫，两队为一组相向站立，教师可以站在中间进行教学指导，如右图
师：下面同学们思考一下人体做出什么样的动作像桥梁？让学生积极尝试，而后引导学生进行平板支撑、侧平板支撑、反向平板支撑的学习和练习，练习应循序渐进，开始每个动作可以只坚持 5 ~ 10 秒，慢慢增加保持的时间
2. 平板支撑大循环——各支撑练习
当学生掌握各支撑动作后可进行大循环练习，队列如右图不变
师：同学们设计了人体动作形成的桥梁，我们学习了非常好的三个动作桥梁：平板支撑、侧平板支撑、反向平板支撑。下面我们把这三个动作桥梁来循环练习。首先让学生进行平板支撑练习，而后进行左侧平板支撑练习，然后进行反向平板支撑，最后进行右侧平板支撑练习，一个循环结束后休息 30 ~ 50 秒，再进行下一个循环的练习。每个动作从坚持 5 ~ 10 秒开始，根据学生体能情况慢慢增加保持的时间 |  | 各动作练习 5 ~ 6 组 |
| 结束部分 5分钟 | 1. 放松游戏：我最柔软
师：今天同学们设计了很多人体动作桥梁，并进行了实践练习，下面进行放松练习。教师带学生进行坐位体前屈、坐位体侧屈、俯撑向上伸展的拉伸放松练习
2. 教师带领学生一起整理、回收器械 |  | |

7. 发展"平衡"的方式和方法

（1）平衡的动作要领如下。单脚站立：单脚（左、右脚都可以）支撑身体，膝关节稍弯曲，收腹挺胸，两眼平视，两臂侧举，另一侧脚抬起，放于站立腿侧方，呼吸均匀，保持稳定平衡。以此姿势保持60秒。

启智砖（瑜伽砖）单脚站立：单脚（左、右脚都可以）站在砖上支撑身体，膝关节稍弯曲，收腹挺胸，两眼平视，两臂侧举，另一侧脚抬起，放于站立腿侧方，呼吸均匀，保持稳定平衡。以此姿势保持60秒。

平衡板双脚站立：双脚站在平衡板上支撑身体，膝关节稍弯曲，收腹挺胸，两眼平视，两臂侧举，呼吸均匀，保持稳定平衡。以此姿势保持60秒。

平衡板单脚站立：单脚（左、右脚都可以）站在平衡板上支撑身体，膝关节稍弯曲，收腹挺胸，两眼平视，两臂侧举，另一侧脚抬起，放于站立腿侧方，呼吸均匀，保持稳定平衡。以此姿势保持60秒。

（2）平衡的练习方式及方法。

①金鸡独立——单脚站立练习：把学生分成四队，两队为一组相向站立，教师可以站在中间进行教学指导，注意两脚交替练习，开始每次练习可以只坚持10秒，慢慢增加保持的时间。

②功夫大师——启智砖单脚站立：队列队形保持"金鸡独立"的练习队形即可，只是在每位学生面前摆放了一块启智砖，一只脚踩砖上支撑身体进行练习，注意两脚交替练习，开始每次练习可以只坚持10秒，慢慢增加保持的时间。如图2-2-14所示。之后可用启智砖摆成一排，让学生保持平衡走过，如图2-2-15所示。

图 2-2-14　静态平衡练习

图 2-2-15 动态平衡练习

③平衡大师——平衡板上单、双脚站立：队列队形保持"金鸡独立"的练习队形即可，只是在每位学生面前摆放了一块平衡板，先让学生两只脚踩在平衡板上进行平衡练习，当学生平衡水平提高后，可以尝试一只脚踩在平衡板上支撑身体进行练习，一只脚踩板进行练习时注意两脚交替练习，开始每次练习可以只坚持 5 ~ 10 秒，慢慢增加保持的时间。

（3）平衡的基本动作练习教案。

表 2-2-7

课程名称	萌鸡小队——"平衡"的基本动作练习		
课程目标	1. 较好掌握单脚站立等平衡动作的要领 2. 能够较好掌控身体维持平衡		
单脚站立动作要领	单脚站立：单脚（左、右脚都可以）支撑身体，膝关节稍弯曲，收腹挺胸，两眼平视，两臂侧举，另一侧脚抬起，放于站立腿侧方，呼吸均匀，保持稳定平衡。以此姿势保持 60 秒		
所需器械	瑜伽砖每人 1 块		
	教学过程	器械摆放及队列队形	组次
开始部分 2 分钟	1. 集合整队，师生问好，清点人数 2. 情节引入：师：同学们见过小鸡走路和单腿站立的样子吗？今天我们化身小鸡学习本领	😊😊😊😊😊😊😊😊 😊😊😊😊😊😊😊😊 🔺	

续　表

准备部分 5分钟	热身游戏：踩着石头过河 师：小鸡们，前面有一条河，河上有很多石头（启智砖），我们可以踩着石头通过这条河，千万别掉进河里，不然就成落汤鸡了。学生成两队排列，从石头上走过，然后排到队伍末尾，进入下一个循环，练习队列如右图	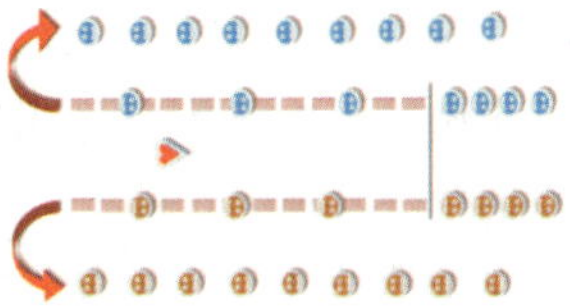	练习 3～5 个循环
基本部分 28分钟	1.金鸡独立——单脚站立练习 师：同学们！刚才我们踩着石头过河时，有几位同学掉进了河里，这是因为平衡性不好造成的。小鸡走起路来头一伸一伸的，其实是在调整身体的平衡，下面我们就看看谁的平衡能力最强。把学生分成四队，两队为一组相向站立，教师可以站在中间进行教学指导，注意两脚交替练习，开始每次练习可以只坚持10秒，慢慢增加保持的时间。练习队列如右图1 2.功夫小鸡——启智砖单脚站立 师：大家经过练习很好地掌握了单脚站立的动作要领，很多同学稳定时间超过了1分钟。下面我们要提高单脚站立平衡的难度，在脚下放一块启智砖，在砖上做单脚站立练习 队列队形保持"金鸡独立"的练习队形即可，只是在每位学生面前摆放了一块启智砖，一只脚踩砖上支撑身体进行练习，注意两脚交替练习，开始每次练习可以只坚持10秒，慢慢增加保持的时间。练习队列如右图2 3.平衡大赛——启智砖单脚站立 师：同学们！下面我们进行队与队之间的平衡大赛。队列队形保持"功夫小鸡"的练习队形即可，一队一队进行比赛，每队进行一分钟，最后看哪队超过1分钟的人数多哪队获胜	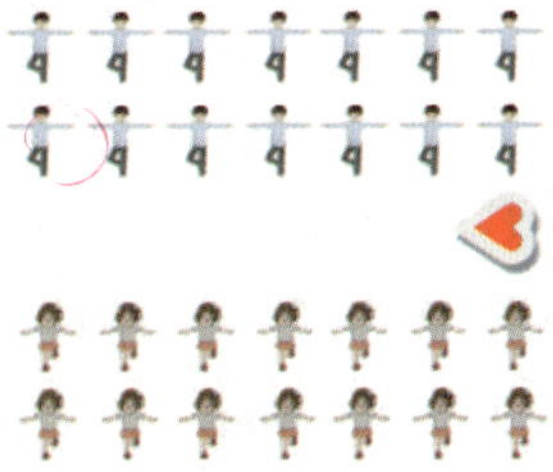 图1 金鸡独立练习队列 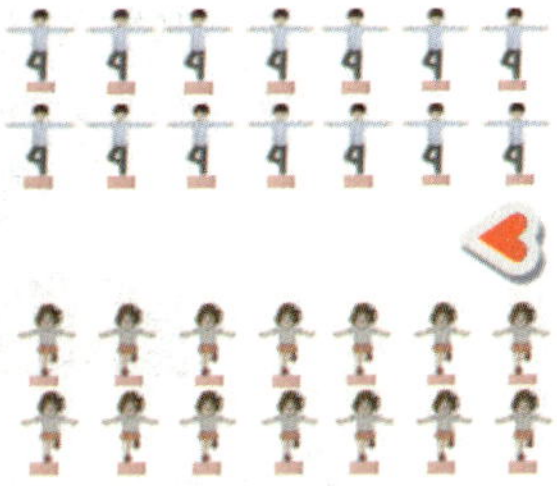 图2 功夫小鸡练习队列	每种形式练习 8～10 组

结束部分 5分钟	1. 放松游戏：小鸡操 师：同学们练习得非常认真！下面跳小鸡操放松一下！小鸡小鸡嘎嘎嘎——抖动双臂，小鸡小鸡啦啦啦——原地跳一跳 2. 教师带领学生一起整理、回收器械	

8. 发展"悬垂"的方式和方法

（1）悬垂的动作要领如下。双手抓杠悬垂：要求双手抓住超过自身伸手高度的横杠，两手与肩同宽，借助手臂力量使身体自然悬垂，身体保持稳定。以此姿势保持60秒。

单手抓杠悬垂：要求一只手抓住超过自身伸手高度的横杠，另一只手放于体侧，借助一只手臂力量使身体自然悬垂，身体保持稳定。以此姿势保持60秒。

双手抓绳悬垂：双手向上抓紧悬垂的绳索，向上爬行30～50厘米，而后依靠手臂力量使身体自然悬垂，身体保持稳定。以此姿势保持60秒。如图2-2-16所示。

图2-2-16　悬垂初级练习（抓绳）

（2）悬垂的练习方式及方法。

①大力王——双手抓杠悬垂：把学生分成六队，六人为一组同时双手抓住天梯的横杠悬垂，教师拿秒表计时，看看班里谁悬垂的时间最长，谁就是"大力王"。

②飞夺泸定桥——单手悬垂过天梯：学生站成一队，第一位学生从

一侧爬上天梯，单手抓住天梯的第一个横杠悬垂，另一只手抓住天梯的下一个横杠，两手交替向前一个一个横杠通过天梯，后面的学生一个一个跟上，循环进行练习。

③悬垂的小猴子——双手抓绳悬垂：把学生分成六队，6人为一组同时双手抓住悬垂的绳子，进行悬垂练习，教师拿秒表计时，开始每次练习可以只坚持10秒，慢慢增加保持的时间。也可使用绳梯，让学生向上攀爬，如图2-2-17所示。

图 2-2-17 悬垂初级练习（绳梯）

④分队悬垂大比拼——双手抓杠悬垂：把学生分成六队，每队出一人为代表，同时进行双手抓住天梯的横杠悬垂，教师拿秒表计时，看看哪个队保持时间达到60秒的人数最多哪个队获胜。

（3）悬垂的基本动作练习教案。

表 2-2-8

课程名称	猴子王国——"悬垂"的基本动作练习		
课程目标	1.熟练掌握双手抓杠悬垂动作 2.有效增强学生的上肢力量		
双手抓杠悬垂动作要领	双手抓杠悬垂：要求双手抓住超过自身伸手高度的横杠，两手与肩同宽，借助手臂力量使身体自然悬垂，身体保持稳定。以此姿势保持60秒		
所需器械	长杆1根、天梯1座		
	教学过程	器械摆放及队列队形	组次
开始部分2分钟	1.集合整队，师生问好，清点人数 2.情景导入：师：同学们！西游记当中你们最喜欢谁呀？学生回答，引出孙悟空。孙猴子的本领很大，我们要向他学习	😀😀😀😀😀😀😀😀😀😀 😀😀😀😀😀😀😀😀😀😀 🔺	

准备部分 5分钟	热身游戏：灵巧的小猴子 师：下面我们进行热身活动，看我手中的长杆，在跑的过程中变成灵巧的小猴子，不要被我的杆碰到。让学生围成一个圈跑起来，教师拿着长杆可以在地上扫，学生要从长杆上跳过，可以在空中（学生胸部高度）扫，学生从长杆下钻过。练习队列如右图		练习 1组
基本部分 28分钟	1.悬垂的小猴子——双手抓杠悬垂 师：同学们都非常棒！非常灵巧地躲过了长杆。下面我问一个问题，小猴子平时生活在森林中经常做什么运动呀？学生回答，引出"双手握在树上悬垂"动作。下面我们要像小猴子一样也练习"悬垂"动作。把学生分成六队，六人为一组同时双手抓住天梯的横杠悬垂，进行悬垂练习，教师拿秒表计时，开始每次练习可以只坚持10秒，慢慢增加保持的时间。练习队列如右图1 2.林间穿梭的小猴子——单手悬垂过天梯 师：同学们都非常好地掌握了抓杠悬垂动作，下面我们看看大家能不能像小猴子一样在林中依靠手臂悬垂穿梭。先让一位学生从一侧爬上天梯，单手抓住天梯的第一个横杠悬垂，另一只手抓住天梯的下一个横杠，两手交替向前一个一个横杠通过天梯，后面的学生一个一个跟上，循环进行练习。练习队列如右图2 3.悬垂之王——双手抓杠悬垂 师：同学们，最后我们看看班里谁悬垂的时间最长，谁就是"悬垂之王"。把学生分成六队，6人为一组同时双手抓住天梯的横杠悬垂，教师拿秒表计时，最后看谁悬垂时间最长，谁就是班里的"悬垂之王"。练习队列如右图1	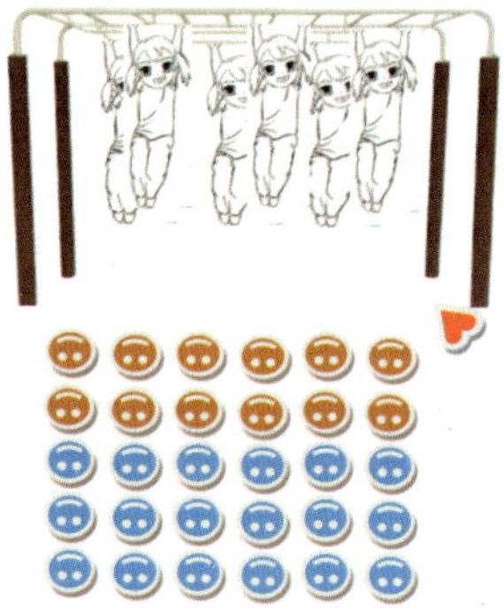 图1 悬垂的小猴子练习队列  图2 穿梭的小猴子练习队列	每种形式练习 5～6组

续　表

结束部分 5分钟	1. 放松游戏：小猴子按摩 师：同学们练习得非常棒，而且比出了班里的"悬垂之王"，我们为他鼓掌。练习很累了，下面两个同学为一组相互把手臂按摩一下，抖动一下进行放松练习 2. 教师带领学生一起整理、回收器械		

第三节　操作类动作教学内容与方法

一、操作类动作的概念和表现形式

操作类动作是指直接或利用器械操控物体的运动技能。主要通过投、抛、拍、踢、接、击的形式展现出来。各形式又可以进一步细分。

（1）投：单手投、双手投等。

（2）抛：单手抛、双手正面抛、双手背面抛等。

（3）拍：双手原地拍球、单手原地拍球、移动间拍球等。

（4）踢：正脚背踢固定球、正脚背踢凌空球、脚内侧踢球、带球踢等。

（5）接：双手接、单手接等。

（6）击：击打固定球、单手挥拍击打反弹球、截击等。

二、发展操作类动作的方式和方法

1. 发展"投"的方式和方法

（1）投的动作标准如下。单手投（以右手投沙包为例）：首先两脚前后开立，左腿在前，右腿在后，后腿膝微曲，前腿伸直稳定支撑，上体稍后仰，左手臂斜向前上伸出，右手持沙包高举后引，眼看前方；然后通过蹬伸右腿、转体、收腹、挥臂、甩腕一连串的连贯动作，快速将沙包投出，左腿始终伸直稳定支撑，左手臂向左侧摆动；最后身体保持直立稳定姿势，眼睛跟随沙包运动轨迹。

双手投（以双手投篮球为例）：首先两脚前后或左右开立，两膝微曲，重心落在两脚之间，双手持球，两肘自然下垂，将球置于胸前，目视瞄准点；而后两脚蹬地腰腹伸展，然后两臂向前上方伸出，接着两手腕同时外翻，拇指稍用力压球，食指、中指拨球，同时使球从拇指、食指、中指指端飞出；最后球出手后，脚跟提起，身体随投球出手方向自然伸展。

（2）投的练习方式及方法。

①自由对射——单手投：将学生分成两队，人数相等，两队分的沙包（海绵沙包避免砸伤）数量相等，画两条线中间间隔8米，一边一队进行自由对射（单手投），两队学生快速捡起地上沙包投向对面，同时注意躲避投过来的"沙包"，不要越线投掷。

②神投手选拔赛——单手投：将学生分成四排，在第一排每位学生面前放5个沙包，在前面距离5米的位置摆放一个直径40厘米的敏捷环，每位学生向敏捷环中单手投5个沙包，第一排投完，看谁投进得的多，记录后将沙包捡回放在原处，第二排学生投，各排投完后看看班里投进最多的学生就是班里的"神投手"。

③小小投篮手——双手投：将学生分成四队，每个篮球架前2～3米处站一队，每位学生双手持球——循环进行双手投篮练习。

（3）投的基本动作练习教案。

表 2-3-1

课程名称	小小投弹手——"投"的基本动作练习		
课程目标	1. 熟练掌握单手投的动作要领 2. 能够灵活躲避他人投过来的沙包		
单手投动作要领	单手投（以右手投沙包为例）：首先两脚前后开立，左腿在前，右腿在后，后腿膝微曲，前腿伸直稳定支撑，上体稍后仰，左手臂斜向前上伸出，右手持沙包高举后引，眼看前方；而后通过蹬伸右腿、转体、收腹、挥臂、甩腕一连串的连贯动作，快速将沙包投出，左腿始终伸直稳定支撑，左手臂向左侧摆动；最后身体保持直立稳定姿势，眼睛跟随沙包运动轨迹		
所需器械	沙包若干、直径 40 厘米的敏捷环 8 个、布基胶带 1 卷		
	教学过程	器械摆放及队列队形	组次
开始部分 2 分钟	1. 集合整队，师生问好，清点人数 2. 情境导入：师：同学们！今天的主要任务是练习投弹，看谁投得又远又准，谁就是"神投手"		
准备部分 5 分钟	热身游戏：整理弹药 师：在我们练习之前首先要准备充足的弹药，看到操场上的沙包吗，就是我们练习的弹药，下面男女生分两组跑着去整理弹药，每次每人只能拿一个沙包，女生放入红色敏捷环，男生放入蓝色敏捷环，准备弹药多的组获胜。练习队列及场地布置见右图	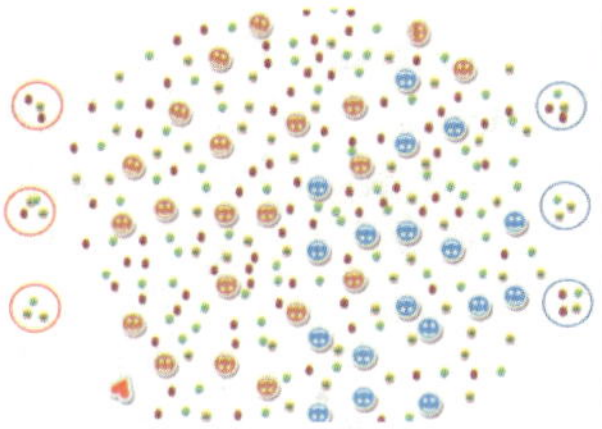	练习1组

基本部分 28分钟	1. 自由对射——单手投 师：男女生的弹药都整理好了，男生队的弹药更多，男生整理弹药获胜。下面跟老师做一下肩绕环、腕绕环，防止损伤 接下来两队自由对射开始：两队间隔 8～10 米，将准备的弹药通过单手投投向对面同学，当准备的沙包投完后，学生可以捡起地上沙包，同时注意躲避投过来的"沙包"，要求不能越线投掷。练习过程中教师可以随时要求停止进行指导，练习队列如右图 1 2. 投弹比赛——单手投 师：同学们经过刚才的练习基本掌握了投的技能，下面我们进行"投弹比赛"，投得最远的同学将获得"投弹王"的称号。将学生分成两队，男女生各 1 队，男生投完后将投掷最远的做个标志，女生再投，通过五轮比赛，投得最远的学生为"投弹王"，练习队列如右图 2 3. 神投手选拔赛——单手投 师：祝贺某同学获得"投弹王"的称号，下面我们进行"神投手"的选拔。将学生分成八队，在第一排每位学生面前放 5 个沙包，前面 5 米处的位置摆放一个直径 40 厘米的敏捷环，每位学生向敏捷环中投 5 个沙包，第一排投完，看谁投进的最多，记录后将沙包捡回放在原处，第二排学生投，各排投完后看看班里投进最多的学生就是班里的"神投手"。练习队列如右图 3	图 1 自由对射练习队列 图 2 投弹比赛练习队列 图 3 神投手选拔赛练习队列	每种形式练习 5～6组
结束部分 5分钟	1. 放松游戏：伸展操 祝贺某同学成为"神投手"。下面跟老师做伸展操放松一下，向上伸展、向侧面伸展、俯姿后伸展等 2. 教师带领学生一起整理、回收器械		

2.发展"抛"的方式和方法

（1）抛的动作要领如下。单手抛（以右手抛沙包为例）：两脚前后开立，左脚在前，右脚在后，右手持沙包伸直手臂向右后方充分伸展，然后右腿蹬伸向前，左腿稳定支撑，同时右手从后面向前上方将沙包抛出。在整个动作过程中，投掷手臂始终保持伸直的状态。

双手正面抛（以双手抛排球为例）：首先，两脚左右开立，两腿屈膝下蹲，重心落在两脚之间，双手持球，两肘自然下垂，将球置于两大腿前；而后两脚蹬地伸腿、腰背伸展，然后两臂两手向前上方用力将球抛出；最后球出手后，脚跟提起，身体随投球出手方向自然伸展。学生自己可使用沙包练习双手正面抛，如图2-3-1所示。

图2-3-1　自抛自接练习

双手背面抛（以双手抛排球为例）：首先，背对投掷方向双脚左右开立，两腿屈膝屈髋下蹲，重心落在两脚之间，双手持球，两肘自然下垂，将球置于两腿中间；而后，两腿蹬伸，身体后屈，腿、腰、背、肩、臂、手依次发力，持球上举后引至最大幅度将球向背后抛出；最后，球出手后脚跟提起，身体向后上方自然伸展，注意保持身体平衡。

（2）抛的练习方式及方法。

①小小抛石机——单手抛：把学生分成两队，两边面对面各站一队，中间间隔8～10米，教师可以站在中间示范指导；按照教师口令一队学生单手持沙包抛向另一队，另一队学生注意沙包运动轨迹不要被砸到，而后捡起沙包听口令抛向另一队，往复练习。如图2-3-2所示。

图 2-3-2　抛接练习

②超级大炮——双手正面抛：把学生分成两队，两边面对面各站一队，中间间隔 8～10 米，教师可以站在中间示范指导；按照教师口令一队学生双手持排球抛向另一队，另一队学生注意排球运动轨迹可以用双手去接，但不要被砸到，到拿排球后听口令抛向另一队，往复练习。

（3）抛的基本动作练习教案。

表 2-3-2

课程名称	抛石机——"抛"的基本动作练习		
课程目标	1. 熟练掌握单手抛、双手抛的动作要领 2. 能够准确判断抛来物的运动轨迹和落点进行躲避或接住		
双手正面抛动作要领	双手正面抛（以双手抛排球为例）：首先，两脚左右开立，两腿屈膝下蹲，重心落在两脚之间，双手持球，两肘自然下垂，将球置于两大腿前；而后两脚蹬地伸腿、腰背伸展，然后两臂两手向前上方用力将球抛出；最后球出手后，脚跟提起，身体随投球出手方向自然伸展		
所需器械	学生人数的 1/2 个沙包、人数的 1/2 个排球		
教学过程		器械摆放及队列队形	组次
开始部分 2 分钟	1. 集合整队，师生问好，清点人数 2. 情景导入：师：同学们！谁知道在古代战争中没有大炮，是用什么方法去打击城上的敌人的？ 学生回答，引出"抛石机"		

续　表

准备部分 5分钟	**热身游戏：沙包不落地** 师：今天我们就要化身"抛石机"。下面先做热身活动，请所有的小朋友分成两队，双手打开，保持一臂距离。每位小朋友拿1个沙包，双手垂直向上抛沙包，沙包落下时用双手接住，反复练习。练习队列如右图		练习 2 ～ 3 组
基本部分 28分钟	1.小小抛石机——单手抛 师：同学们！刚才的自抛自接练习的非常棒！下面我们化身抛石机进行练习。把学生分成两队，面对面站立，两边各站一队，中间间隔 3 ～ 5 米，教师可以站在中间示范指导；按照教师口令一队学生单手持沙包抛向另一队，另一队学生注意沙包运动轨迹不要被砸到，而后捡起沙包听口令抛向另一队，往复练习；随着练习的熟练，两队可以进行往复抛接练习。练习队列如右图 2.超级大炮——双手正面抛 师：同学们！大部分同学都掌握了单手抛的要领，下面我们变成超级大炮，把炮弹打得更远。把学生分成两队，两边面对面各站一队，中间间隔 8 ～ 10 米，教师可以站在中间示范指导；按照教师口令一队学生双手持沙包抛向另一队，另一队学生注意沙包运动轨迹可以用双手去接，但不要被砸到，而后拿沙包听口令抛向另一队，往复练习。练习队列如右图	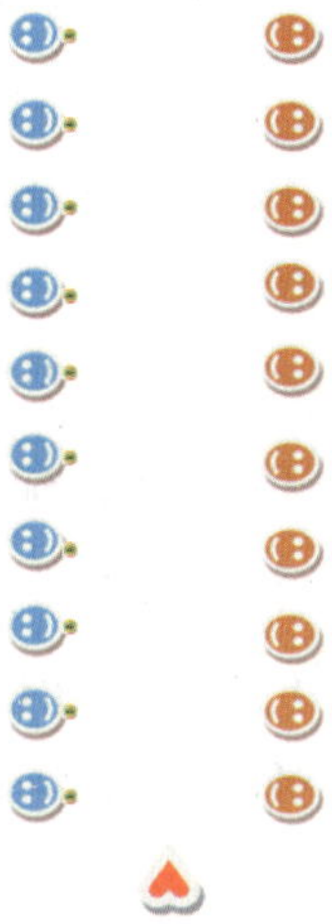	每种 形式 练习 20组

续　表

结束部分 5分钟	1.放松游戏：下雨了 师：我们班的小朋友太棒了！同学们把炮弹发射得非常远，今天圆满完成了训练任务。下面跟老师做放松游戏"下雨了"，当老师说毛毛雨时，轻轻拍自己的身体；当老师说大雨、狂风暴雨时，根据雨的大小变换拍打速度和力度 2.教师带领学生一起整理、回收器械		

3.发展"拍"的方式和方法

（1）拍的动作要领：拍球时，把球放到距离身体一臂的位置，五指分开，掌心稍屈合在球表面，手心空出来，用手腕、前臂恰当用力拍球，所有手指一起用力，利用球的弹性使球弹起，球弹起时不要超过腰部，眼手跟着球的位置移动，根据球弹起的高低调整拍球力量的大小。

双手拍篮球：两脚分开与肩同宽，微微屈膝、屈髋、弯腰，双手五指分开，掌心稍屈合在球表面，双手同时用手腕、前臂恰当用力拍球。球在弹跳时，手要跟着球的走向、高度，调整拍球力量的大小，球的高度控制在腰部的位置；拍球的时候，眼睛和双手要始终跟着球移动，眼手动作协调一致。篮球情景教学如图2-3-3所示。

图2-3-3 篮球情景教学

单手拍球（以右手为例）：两脚分开与肩同宽，微微屈膝、屈髋、弯腰，右手臂屈肘平抬，右手五指分开，掌心稍屈合在球表面，用手腕、前臂恰当用力拍球；球在弹跳时，手要跟着球的走向、高度，调整拍球力量的大小，球的高度控制在腰部的位置；拍球的时候，眼睛和手要始终跟着球移动，眼手动作协调一致。

（2）拍的练习方式及方法。

①球球不出圈——单手拍、双手拍：把学生分成两队，两边面对面各站一队，中间间隔3～5米，教师可以站在中间示范指导；每位学生拿一个篮球，在每位学生前排放一个直径40厘米的敏捷环，要求学生把球控制在敏捷环中拍击，可以单手拍也可以双手拍。

②拍球大赛——单手拍、双手拍：把学生分成两队，两边面对面各站一队，中间间隔2～3米，教师可以站在中间示范指导；一队学生每人拿一个篮球，按老师口令双手拍球或单手拍球，对面的小朋友来数数。看看班里哪个小朋友连续拍球拍得最多。也可以让学生围成一个圈，比赛的学生在中间拍球，其余的学生数数，如图2-3-4所示。

图2-3-4　拍球大赛

③拍球接力赛——单手拍：把学生分成四队，每队的第一个学生手持1个篮球，在每队前6～8米处摆放1个标志桶，要求各队第一个学生一边单手拍球一边跑至标志桶，绕一圈后传递给下一个学生，一次完成接力，最先完成的队获胜。

（3）拍的基本动作练习教案。

表2-3-3

课程名称	篮球小将——"拍"的基本动作练习		
课程目标	1. 熟练掌握单手拍、双手拍的动作要领 2. 能够较好地控制篮球		
双手拍动作要领	双手拍球（以拍篮球为例）：双脚分开与肩同宽，弯腰时屈膝、屈髋，双手五指分开，掌心稍屈合在球表面，用手腕、前臂恰当用力拍压球；球在弹跳时，手要跟着球的走向、高度，调整拍球力量大小，球的高度控制在腰部位置；拍球的时候，眼睛和身体要始终跟着球移动，手脚动作协调一致		
所需器械	篮球每人1个		
	教学过程	器械摆放及队列队形	组次
开始部分 2分钟	1. 集合整队，师生问好，清点人数 2. 情景导入：师：同学们！看到筐里的球了吗？知道这是什么球吗？学生回答，引出篮球		
准备部分 5分钟	热身游戏：玩转篮球 师：今天我们学习篮球的玩法。下面先做热身活动，请所有的小朋友分成两队，两边面对面各站一队，中间间隔3～5米，左右保持一臂距离。每位小朋友拿1个篮球，双手原地拍球，反复练习。练习队列如右图		练习2～3组

续　表

| 基本部分
28分钟 | 1. 球球不出圈——单手拍、双手拍
师：同学们！刚才的热身练习我看到好多同学控制不好篮球，球跑掉了！下面老师教给大家如何更好地控制自己的篮球。把学生分成两队，两边面对面各站一队，中间间隔 3 ～ 5 米，教师可以站在中间示范指导；每位学生拿一个篮球，在每位学生前排放一个直径 40 厘米的敏捷环，要求学生把球控制在敏捷环中拍击，可以先练习双手拍，控球能力提高后再练习单手拍。练习队列如右图 1
2. 拍球大赛——单手拍、双手拍
师：同学们！通过刚才的练习大部分同学掌握了拍球的方法了，下面我们两队进行比赛，看看班里谁连续拍球的数量最多。把学生分成两队，两边面对面各站一队，中间间隔 3 ～ 5 米，教师可以站在中间监督；一队按老师口令双手拍球或单手拍球，对面的小朋友来数数。看看班里哪个小朋友连续拍球拍得最多，哪个小朋友就是班里的球王。练习队列如右图 2 | 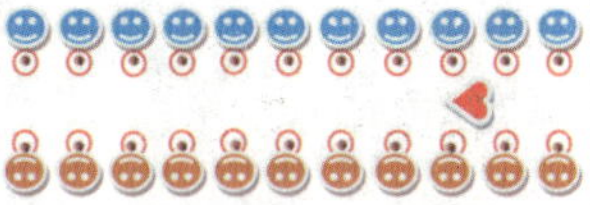 图 1 球球不出圈练习队列 

图 2 拍球大赛练习队列 | 每种形式练习20组 |
| 结束部分
5分钟 | 1. 放松游戏：拍打操
师：同学们！恭喜某某小朋友评为班里的球王，希望其他小朋友向他学习。下面跟老师做放松练习"拍打操"，当老师说身体的哪个部位，就轻轻拍打自己身体的这个部位，如大腿、小腿、大臂、小臂等
2. 教师带领学生一起整理、回收器械 |  | |

4. 发展"踢"的方式和方法

（1）踢的动作要领：以踢球为例，踢球时，一条腿主要负责支撑身体并保持身体平衡，而另一条腿则用来完成踢的动作。成熟的踢球动作支撑腿会先向前跨出一大步当作稳定支撑，而后摆动腿向后大幅度摆动以便更有力地触球，身体向支撑腿一侧倾斜，摆动腿加速前摆将球踢出。踢球练习如图 2-3-5 所示。

图 2-3-5 踢球练习

原地（助跑）正脚背踢定位球（以右脚踢定位球为例）。准备：（直线助跑两三步），左脚踏在球左侧 10 厘米处，脚趾指向前方，膝关节微屈，眼睛注视球，重心落在左腿上稳定支撑，右脚位于球后方；踢球：右腿大腿后摆，小腿后屈，双臂微屈肘自然张开协助身体保持平衡，而后大腿以髋关节为轴带动小腿积极前摆，脚背绷直，脚趾紧扣，以脚背正面击球的后中部。结束：击球后，右腿顺势前摆落地。

原地（助跑）脚内侧踢定位球（以右脚踢定位球为例）。准备：（直线助跑两三步），左脚踏在球左侧 10 厘米处，脚趾指向前方，膝关节微屈，眼睛注视球，重心落在左腿上稳定支撑，右脚位于球后方；踢球：右腿大腿后摆，小腿后屈，双臂微屈肘自然张开协助身体保持平衡，而后大腿以髋关节为轴带动小腿积极前摆，在前摆过程中髋关节外展，脚翘起，脚内侧与出球方向呈 90°，以脚内侧击球的后中部。结束：击球后，右腿顺势前摆落地。

带球：带球时身体自然放松，上体稍前倾，双臂自然摆动，随着身体向前移动，用脚背或内侧部位不断地推拨足球的后中部，使之与在跑动中的人一起行进。

（2）踢的练习方式及方法。

①小小传球手——脚内侧踢定位球：把学生分成两队，两边面对面各站一队，中间间隔 5～6 米，教师可以站在中间示范指导；一队学生每人拿一个足球，踢给对面的同学，对面同学停球后再踢回来，往复练习。

②小球回家——正脚背踢定位球：把学生分成两队，两边面对面各站一队，中间间隔 5～6 米，在中间摆放一个门洞；一队学生每人拿一个足球，把球向门洞里踢，看谁踢得准，对面同学停球后也向门洞里踢，往复练习。

③小射手——踢定位球：把学生分成两队，每个学生 1 个足球，在距离球门 6～8 米处依次将球踢向球门内，而后将自己的球带球（脚踢球）回队尾，进行循环练习。

④超级小射手——带球射门：把学生分成两队，每个学生 1 个足球，在每队前直线摆放 5 个标志杆，杆与杆之间间隔 1.5 米，要求学生带球绕过标志杆，通过正脚背踢球（左右脚都要练习）射门，然后带球回另一队队尾，形成一个圆形循环练习。

（3）踢的基本动作练习教案。

表 2-3-4

课程名称	足球小将——"踢"的基本动作练习
课程目标	1. 熟练掌握左、右脚正脚背踢球的动作要领 2. 基本掌握足球带球的方法，培养幼儿的反应能力 3. 使幼儿乐于参加体育活动，培养幼儿带球的方位感
足球带球动作的要领	带球时身体自然放松，上体稍前倾，双臂自然摆动，随着身体向前移动，用脚背或内侧部位不断地推拨足球的后中部，使之与在跑动中的人一起行进

所需器械	足球门2个、标志杆10个、人手1个足球、布基胶带1卷		
	教学过程	器械摆放及队列队形	组次
开始部分 2分钟	1. 集合整队，师生问好，清点人数。口令带动，气氛营造 2. 情景导入：师：小朋友们今天我们一起参加一场足球赛，你们都是足球小将，要加油呀		
准备部分 5分钟	热身游戏：传球乐 师：请小朋友围成圈，把足球放在里面，足球跑到哪位小朋友的面前，哪位小朋友用正脚背踢走。练习队列如右图		练习 1组
基本部分 20分钟	1. 小小传球手——踢定位球 师：小朋友们已经学会了踢球，接下来我们用小脚丫来传球。你们分成"红队"和"蓝队"，一会儿只能捡自己对面小朋友踢过来的球，捡球后必须回到线后才可以踢。看哪个小朋友踢得准。先练习原地脚内侧踢定位球，基本掌握动作后再练习助跑脚内侧踢定位球。练习队列如右图1 2. 小射手 师：请小朋友站成两列纵队，依次带球穿过标志杆后将球踢到对应的球门内。看哪位足球小将踢得准。而后带球回队尾进行循环练习，练习队列如右图2 3. 超级小射手 师：请小朋友带球绕过标志杆，通过正脚背踢球（左右脚都要练习）射门，把球踢到球门里，然后捡球带球回另一队队尾，在这个过程中要保护好球。练习队列如右图3	图1 小小传球手练习队列 图2 小射手练习队列 图3 超级小射手练习队列	每种 形式 练习 8组

续　表

结束部分 3分钟	1. 放松游戏 刚才我们和足球一起玩了游戏，让我们用足球按摩一下身体吧！用足球揉揉腿、在身上滚一滚 2. 教师带小朋友一起整理、回收器械		

5. 发展"接"的方式和方法

（1）接的动作要领如下。原地双手胸前接篮球：面对来球，双臂自然伸出迎球，手指自然分开，两拇指成八字形，朝着来球的方向；手指接触球的同时，双臂要随球缓冲，将球引至胸前抱住。

双手胸前接网球：面对来球，调整位置，双臂自然伸出迎球，手指自然分开，两拇指成八字形，朝着来球的方向；球下落时，积极伸出双手把球捧接住。

单手接网球：面对来球，调整位置，接球手臂主动伸出迎球，手指自然分开，当手掌与球接触后，五指紧握把球接住。

（2）接的练习方式及方法。

①小球不落地——自抛自接：把学生分成两队，两边面对面各站一队，中间间隔3～5米，教师可以站在中间示范指导；每位学生拿一个网球（小班学生可以用排球或篮球），两脚开立与肩同宽站原地，双手胸前抱球垂直上抛，要超过自己的头顶，球下落时双手在胸前接住，保证小球不落地。往复练习。年纪小的学生一开始学习动作时也可围成一圈，用垫子放在中间缓冲，教师站在中间指导，投接练习如图2-3-6所示。

图 2-3-6 投接的练习

②小球会跳舞——弹接球：把学生分成两队，两边面对面各站一队，中间间隔 2 ~ 3 米；其中一队的每位学生拿一个网球（小班学生可以用排球或篮球），两脚开立与肩同宽站原地，双手胸前抱球用力向两队中间地面投出，球触地弹起，对面小朋友接球，接球后用力向两队中间地面投出，对面小朋友接球，往复练习。

③你抛我接——抛接球：把学生分成两队，两边面对面各站一队，中间间隔 2 ~ 3 米；其中一队的每位学生拿一个网球（小班学生可以用排球或篮球），两脚开立与肩同宽站原地，双手胸前抱球用力向对面同学抛出，球下落时对面小朋友接球，接球后用力向对面同学抛回，对面小朋友接球，往复练习。

④最佳拍档——行进间传接球：把学生分成两队，每队两个学生为一组，其中一个学生拿篮球，两人间隔 2 ~ 3 米在行进间进行传接球（弹接球、抛接球），最后外侧同学完成投篮，而后到对面队伍队尾进行循环练习，看哪两个学生的配合最好，就是最佳拍档。

（3）接的基本动作练习教案。

表 2-3-5

课程名称	篮球训练营——"接"的基本动作练习		
课程目标	1. 熟练掌握双手胸前接球的动作要领 2. 培养互助合作的精神，感受合作的乐趣 3. 培养空间判断力，锻炼手眼协调能力		
双手胸前接球动作要领	面对来球，调整位置，双臂自然伸出迎球，手指自然分开，两拇指成八字形，朝着来球的方向；球下落时，积极伸出双手把球接住		
所需器械	每人 1 个篮球		
	教学过程	器械摆放及队列队形	组次
开始部分 2 分钟	1. 集合整队，师生问好，学生报数 2. 情景导入：师：小朋友们好，欢迎你们来到篮球训练营！今天你们将完成各种挑战，看看谁是最棒的		
准备部分 5 分钟	热身游戏：球球不落地——自抛自接 师：第一项挑战"球球不落地"练习，每位学生拿一个篮球，两脚开立与肩同宽站原地，双手胸前抱球垂直上抛，要超过自己的头顶，球下落时双手在胸前接住，保证球不落地。往复练习。练习队列如右图		练习 1 组

续 表

基本部分 28分钟	1. 小球会跳舞——弹接球 师：第一项挑战结束了，表现最棒的是某某同学，下面进行第二项挑战"弹接球"。把学生分成两队，两边面对面各站一队，中间间隔2～3米；其中一队的每位学生拿一个篮球，两脚开立与肩同宽站原地，双手胸前抱球用力向两队中间地面投出，球触地弹起，对面小朋友接球，接球后用力向两队中间地面投出，对面小朋友接球，往复练习。练习队列如右图1 2. 终极挑战——行进间传接球 师：第二项挑战"弹接球"，表现最棒的是某某同学，下面进行第三项挑战，也是终极挑战"行进间传接球"。把学生分成两队，每队两个学生为一组，其中一个学生拿篮球，两人间隔2～3米在行进间进行传接球（弹接球、抛接球），最后外侧同学完成投篮，而后到对面队伍队尾进行循环练习，看哪两个学生的配合最好，就获得终极挑战的冠军。练习队列如右图2	 图 1 小球会跳舞练习队列  图 2 终极挑战练习队列	每种 形式 练习 20组
结束部分 5分钟	1. 放松环节：海草舞 师：今天我们完成了三项挑战，同学们的表现都非常优秀！最后的终极挑战中某某和某某同学配合得最好，获得终极挑战的冠军，恭喜他们。下面和老师一起做放松练习"海草舞"。当老师说大海草时，身体大幅度抖动；当老师说小海草时，身体小幅度抖动 2. 教师带领学生一起整理、回收器械		

6. 发展"击"的方式和方法

（1）击的动作要领：击动作主要指上肢徒手或持有器械对物体进行精准击打的技术，例如打排球、网球、垒球等。

　　打排球：击球时，要提肩挥臂，手臂充分伸直，动作要迅速，加快前臂的挥动速度，并有明显的鞭打动作，猛甩手腕，以全手掌击打球，借以加大对球的击打力度。

　　打定点垒球：眼睛盯住球，挥棒时髋关节的转动必须先于挥棒动作，手腕和前臂动作要爆发式发力，挥动路线尽可能控制在水平方向上，全身用力要协调一致恰到好处；在触球瞬间，手腕要稍向前压一压，以增加击球的力量。

　　（2）击的练习方式及方法。

　　①排球小能手——挥击练习：把学生排成四队，4人为一组，先助跑然后用手挥击绑在横杆上的风阻软球，依次进行，看哪个小朋友拍得准，全体小朋友循环练习。

　　②排球大战——挥击练习：两个学生为一组，用标志桶和横杆组合成隔网，进行排球（用气球代替）游戏，在拍的过程中左右手都要练习，发球时只能向前上方发球。如图2-3-7所示。

图 2-3-7 亲子排球（气球）练习

　　③小小击球手——持械挥击练习：把学生分成六路纵队，六个幼儿为一组双手持垒球棒，按照教师口令挥出球棒击球；每位幼儿练习3次后去捡球，然后到队列后排队进入下一个循环，下一组进行挥击球练习，如此往复练习。如图2-3-8所示。

图 2-3-8 棒球练习

④棒球赛——持械挥击练习：把学生分组，每五个学生为一组，两组对战，一组持红色球棒，一组持蓝色球棒，两组各有自己的球门，在持球棒击打球的过程中球棒不可以过腰，只可以用球棒击球，不可以用脚或其他身体部位击球，先把球打进对方球门的组获胜晋级；而后换其他两个小组比赛，晋级的小组再比赛，直到决出最后的胜者。

（3）击的基本动作练习教案。

表 2-3-6

课程名称	小小挥击手——"击"的基本动作练习		
课程目标	1. 熟练掌握徒手挥击和持械挥击的动作要领 2. 能够遵守各项游戏的规则，养成一定的规则意识		
打排球动作的要领	打排球：击球时，要提肩挥臂，手臂充分伸直，动作要迅速，加快前臂的挥动速度，并有明显的鞭打动作，猛甩手腕，以全手掌击打球，借以加大对球的击打力度		
所需器械	支架 2 个、横杆 6 根、气球 6 个、标志桶 12 个、风阻软球 4 个（可用棉花沙包代替）		
	教学过程	器械摆放及队列队形	组次
开始部分 2 分钟	1. 集合整队，师生问好，清点人数 2. 情境导入：师：小朋友们今天我们要玩一个小球飞得远的游戏，你们想一想用什么方法让小球飞起来呢，鼓励小朋友大胆尝试		

准备部分 5分钟	热身游戏：挥击手长本领 师：小朋友们，我们现在变成小小挥击手，让我们先练习一下挥击的本领吧。请小朋友排成四队，4名小朋友为一组。走到标志线前，助跑后跳起，用左手或右手挥击风阻软球，然后到队列后排队进行下一个循环练习 器械摆放：两个支架固定好横杆，横杆上绑定4个风阻软球。练习队列如右图	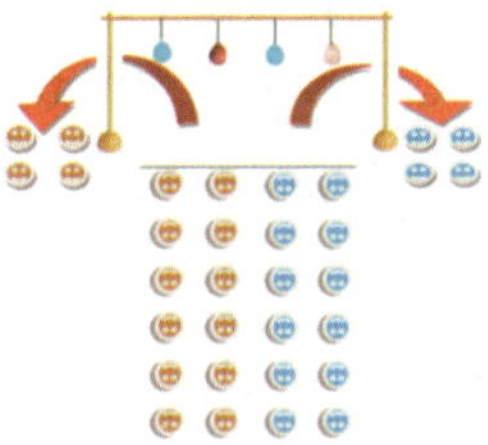	练习 2组
基本部分 28分钟	1. 小小挥击手——挥击练习 师：小朋友们，来展示一下你们的本领吧。下面同学们4人为一组，两两相对拿一个气球，互相击打，左右手都要练习，抱球、持球、球落地就算失败，需要重新发球，发球只能向前上方发 器械摆放：用标志桶和横杆组合成隔网。练习每3分钟为1组，1组结束后休息1分钟，总结一下，再进行下一组练习。练习队列如右图1 2. 小小击球手——持械挥击练习 师：小朋友们，排球大赛练习得非常棒，大家都能非常好地根据气球的运动轨迹击打球，下面我们来练习棒球击球的本领！将学生排成六路纵队，每队的第一个学生为一组，双手持棒球棒，每队的第二个学生到击球的对面6～8米处排列准备捡球，按照教师口令第一组学生挥出球棒击球；每位幼儿练习3次后把球棒放地上，然后到队列后排队进入下一个循环，第二组捡球的同学进行击球练习，第三组同学捡球，如此往复进行练习。练习队列如右图2	 图1 小小挥击手练习队列 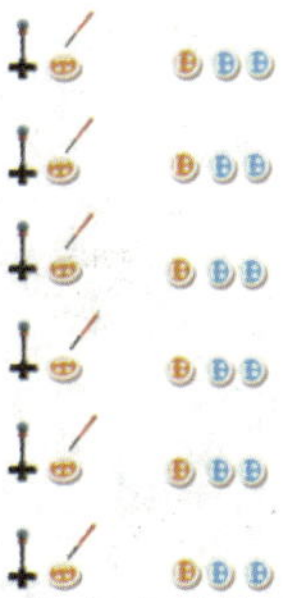 图2 小小击球手练习队列	练习 4～5 组

结束部分 5分钟	1. 放松游戏：电流传递 师：同学们都练习得很棒！很快都能成为棒球高手。下面我们来玩一个电流传递的游戏放松一下身体。让学生手拉手围成一个圆圈，当老师说胳膊时，小朋友们抖动胳膊，当老师说肩膀时，抖动肩膀，以此类推放松其他身体部位 2. 教师带领学生一起整理、回收器械	

第四节　综合类动作教学内容与方法

　　综合类动作教学内容是指将移动类、稳定类、操作类动作结合起来的教学，在日常的体育教学中大多都是综合类动作教学，这样更有利于幼儿的全面发展。下面是综合类课堂教学图片及教案。课堂教学图片如图 2-4-1、图 2-4-2、图 2-4-3、图 2-4-4、图 2-4-5、图 2-4-6、图 2-4-7、图 2-4-8 所示。

图 2-4-1 移动类综合

图 2-4-2　移动与稳定类综合

图 2-4-3　移动与操作类综合

图 2-4-4　移动与操作类综合

图 2-4-5 移动与稳定类综合

图 2-4-6 移动与稳定类综合

图 2-4-7 移动与操作类综合

图 2-4-8 移动与稳定类综合

一、穿越鳄鱼河

表 2-4-1

课程名称	穿越鳄鱼河		
课程目标	1. 锻炼幼儿平衡能力，刺激幼儿前庭器官发展 2. 发展幼儿手部操作能力，提升幼儿精细动作发展		
所需器械	3 米长平衡木 4 个、滑板车若干、平衡砖若干、沙包若干、网球若干		
	教学过程	器械摆放及队列队形	组次
开始部分 2 分钟	1. 集合整队，师生问好，清点人数 2. 故事情节引入：师：小朋友们，今天我们变成可爱的小兔，一起活动起来	😊😊😊😊😊😊😊😊😊😊 😊😊😊😊😊😊😊😊😊😊 ♥	
准备部分 8 分钟	热身游戏：小兔找食物 师：小兔在老师的带领下一起出发！通过跑、跳、爬、钻等多种形式把散落在场地内的食物（平衡砖、沙包、网球）搬运回家。练习队列及场地布置如右图 1	图 1 及练习队列及场地布置	练习 1 组

| 基本部分
25分钟 | 1. 游戏：穿越鳄鱼河
师：小兔们，暴风雨就要来了，我们需要把家里的食物运送到山上的山洞里（门洞）。但是，路上有一条河，河上只有两座小木桥很不好走，河里有很多张着血盆大口的鳄鱼，一旦从桥上掉下去就会被鳄鱼吃掉，所以大家一定要小心。（教师扮演鳄鱼，小朋友从桥上掉下来后，让其返回重新开始）通过的小兔需要把食物分门别类地整齐摆放在山洞里。而后划船（趴在滑板车上两手用力扒地）返回，继续运送食物。练习队列及场地布置见右图2
师：小兔们，食物终于运完了，大家辛苦了。不好了，暴风雨来了，快到山洞里避雨（可以让小兔子休息一下），而后在山洞内做放松练习
如果课堂时间还很充分，可以营造下一个情境：小兔们，暴风雨停了，我们需要把食物运送回家里。同样，通过"鳄鱼河"上的两座小木桥把食物运回。而后划船（趴在滑板车上两手用力扒地）返回山洞，继续运送食物
运送食物形式（由易到难）：①手拿；②双手搬；③头顶；④头顶+手拿；⑤头顶+双手搬；⑥双手搬平衡砖上面放沙包；⑦双手搬平衡砖上面放网球
平衡木摆放形式：①直线摆；②曲线摆，③平衡木上摆障碍物。如右图3 | 
图2 练习队列及场地布置

图3 平衡木的摆放形式 | 每种形式练习1～2组 |

续　表

结束部分 5分钟	1.放松游戏 师：小兔们，大家辛苦了，跟老师一起做一个拍拍操吧。拍拍胳膊、拍拍腿、拍拍肩膀……而后做一些手臂、躯干前侧肌群链的拉伸练习 2.教师带领小朋友一起整理、回收器械		

二、快速穿越封锁线

表 2-4-2

课程名称	快速穿越封锁线		
课程目标	1.锻炼幼儿本体感觉，提升幼儿身体协调性 2.提升幼儿体能水平，提高幼儿免疫力		
所需器械	平衡砖14块、敏捷环16个、敏捷栏12个、竹筐2个、速叠杯16个、标志杆10个、门洞6个、网球若干、沙包若干		
	教学过程	器械摆放及队列队形	组次
开始部分 2分钟	1.集合整队，师生问好，清点人数 2.故事情节引入：师：小朋友们，今天我们要努力成为超级小兔		
准备部分 5分钟	热身游戏：练本领 师：要想成为超级小兔，必须具备很多本领。下面在老师的带领下学本领，模仿小鸡快跑、螃蟹横着走、蚂蚁爬、熊爬、毛毛虫爬等。练习队列及场地布置见右图1	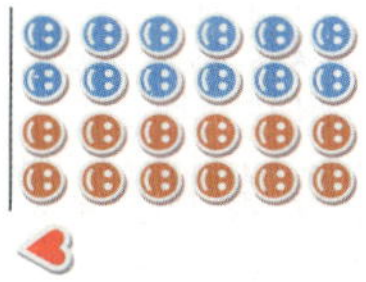 图1 练习队列及场地布置	练习 1组

基本部分 28分钟	1.游戏：快速穿越封锁线 师：小兔们，刚刚得到消息，前线的物资非常缺乏，需要我们穿越敌人的封锁线为前线的战友输送物资，一路上困难重重，稍有不慎就会触发敌人布置的陷阱，这也是检验大家能不能成为"超级小兔"的机会。小兔手拿物资（沙包或网球），按要求穿越封锁线把物资输送到前线的筐中，而后按要求穿越封锁线返回，进入下一轮物资输送队列。穿越中一旦从平衡砖上掉下，触碰到敏捷环，碰倒速叠杯，触碰或碰倒敏捷栏、标志杆、门洞，或者在1分钟之内不能穿越封锁线的就不能成为"超级小兔"。练习中把质量高、速度快的幼儿安排在前面。练习队列及场地布置见右图2 穿越平衡砖形式：①正向一步一块走过；②侧向一步一块走过 穿越敏捷环形式：①正向跑；②侧向跑；③正向双脚跳；④侧向双脚跳；⑤正向侧向交替双脚跳；⑥正向单脚跳；⑦侧向单脚跳；⑧开合跳；⑨S型双脚跳；⑩S形单脚跳 穿越敏捷栏形式：①正向跑；②侧向跑；③正向双脚跳；④侧向双脚跳；⑤正向侧向交替双脚跳；⑥正向单脚跳；⑦侧向单脚跳 穿越速叠杯形式：①下蹲双手翻杯；②下蹲单手翻杯；③正向双脚跳；④侧向双脚跳 穿越标志杆形式：①S形跑；②S形侧滑步 穿越门洞形式：①正向钻；②侧向钻	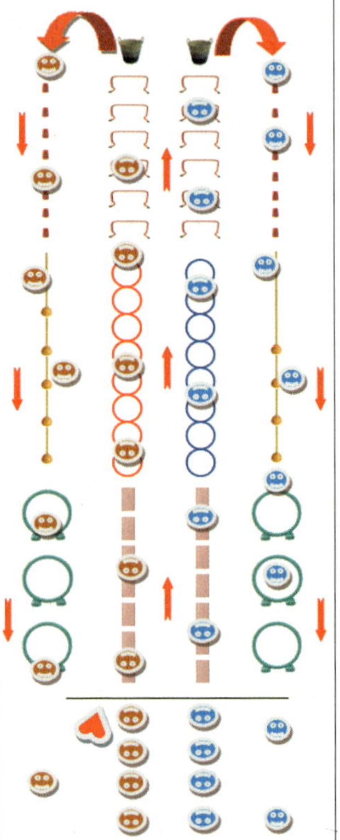 图2 场地布置及练习队列	练习 3~5 组
结束部分 5分钟	1.放松游戏 师：小兔们，大家辛苦了，通过锻炼很多小兔都成长为了超级小兔，祝贺大家！下面跟老师做一套小兔伸懒腰操放松一下 2.教师带领小朋友一起整理、回收器械		

三、"排球"小将

表 2-4-3

课程名称	"排球"小将		
课程目标	1.锻炼幼儿手眼配合能力 2.有效提升幼儿的感觉统合水平 3.培养幼儿坦然面对失败的勇气		
所需器械	气球若干、标志桶若干、横杆若干		
	教学过程	器械摆放及队列队形	组次
开始部分 2分钟	1.集合整队，师生问好，清点人数 2.故事情节引入：师：小朋友们，今天我们要学习打气球来模拟打排球，努力成为"排球"小将		
准备部分 8分钟	热身游戏：球球不落地 师：要想成为"排球"小将，首先要和球球交朋友。每位小朋友拿1个气球，可以通过身体的任何部位触球（触球时间不超过1秒），不要让气球落地。练习队列及场地布置见右图1	 图1 练习队列及场地布置	练习 1组

基本部分 25分钟	1. 游戏：单人"排球"赛 师：两位小朋友面对面，中间摆上标志桶和横杆当作球网，两位小朋友猜拳，赢的发球，球在自己场地击球数量不超过3次，可以通过身体的任何部位触球（触球时间不超过1秒），球在自己场地落地即对方得分。练习队列及场地布置如右图2 2. 游戏：双人"排球"赛 师：四位小朋友两人1组面对面，中间摆上标志桶和横杆当作球网，各组选出1位小朋友作为代表猜拳，赢的组发球，球在自己场地击球数量不超过5次，可以通过身体的任何部位触球（触球时间不超过1秒），球在自己场地落地即对方得分。练习队列及场地布置如右图2 3. 游戏：我是"球王"挑战赛 师：两位小朋友进行比赛，3球定胜负，获胜者晋级，不断淘汰，淘汰的小朋友为晋级比赛的小朋友们加油！最后决胜出班里的球王。球王产生后，教师要号召全班小朋友为本场获胜的球王庆祝！比赛队列及场地布置如右图2	 图2 双人"排球"赛练习队列及场地布置	练习 3~5 组
结束部分 5分钟	1. 放松游戏 师：今天小朋友们表现都非常棒，不怕困难，不怕失败，都获得了很大的进步！下面跟老师做放松练习——拉伸手臂和躯干肌群 2. 教师带领小朋友一起整理、回收器械		

四、小老鼠偷粮食

表 2-4-4

课程名称	小老鼠偷粮食	
课程目标	1. 锻炼幼儿的快速反应和躲闪能力 2. 培养幼儿的规则意识	
所需器械	沙包若干、网球若干、敏捷环若干	
教学过程	器械摆放及队列队形	组次
开始部分 2分钟	1. 集合整队，师生问好，清点人数 2. 故事情节引入：师：小朋友们，今天我们要变成可爱的小老鼠		
准备部分 5分钟	热身游戏：小老鼠找食物 师：天气越来越冷了，我们必须储备足够的食物才能顺利度过寒冬。老师带领小朋友通过跑、跳、爬等多种形式把散落在场地内的食物（沙包、网球）搬运回家（敏捷环）。练习队列及场地布置如右图1	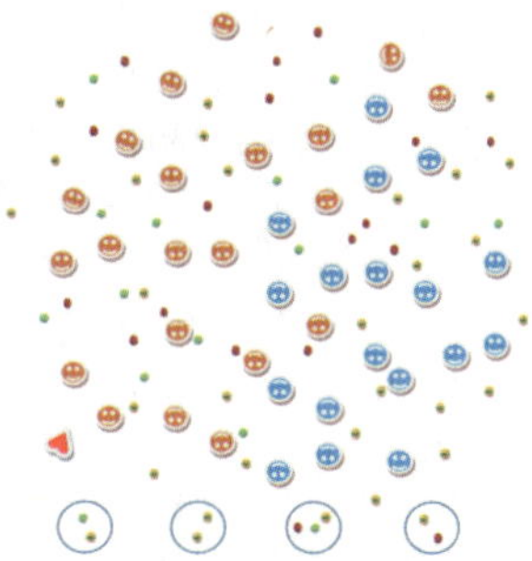 图1 练习队列及场地布置	练习 1组

续　表

基本部分 28 分钟	游戏：小老鼠偷粮食 师：大家找到了很多食物，但距离我们过冬需要的食物还有很大差距。据侦察兵报告，在不远处有一座大粮仓，里边有很多很多的粮食，足够我们过冬食用，但粮仓周围有 4 只猫（选 4 名幼儿扮演）保护，我们必须机警敏捷地趁猫不注意，把粮食偷出来放进我们的粮仓（蓝色敏捷环），每次只能拿 1 份食物；一旦被猫抓到（在线内触碰到即可，猫不可以跑出线外抓小老鼠），就会成为猫的食物（猫把小老鼠放入粮仓——红色敏捷环内），外面的小老鼠可以营救（在不被猫抓到的情况下进入粮仓把被困的同伴拉出） 每组练习 7 分钟，而后更换 4 只猫，小朋友循环扮演猫的角色。小老鼠每 4 人分为 1 组，看哪一组小老鼠偷出的粮食最多。练习队列及场地布置如右图 2	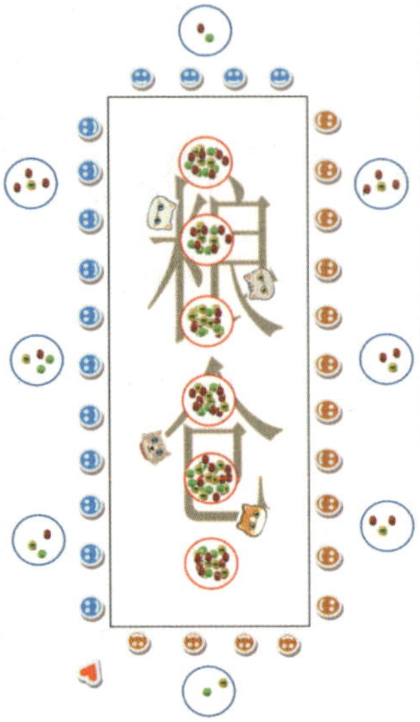 图 2 练习队列及场地布置	练习 3～5 组
结束部分 5 分钟	1. 放松游戏 师：今天小朋友们表现都非常棒，使我们储备了足够的越冬食物，我们可以放心地度过寒冬，不用担心饿肚子了！下面跟老师做放松练习——拉伸手臂和躯干肌群 2. 教师带领小朋友一起整理、回收器械		

五、足球小将

表 2-4-5

课程名称	足球小将
课程目标	1. 锻炼幼儿眼脚配合能力 2. 有效提升幼儿的本体感觉水平 3. 有效提升幼儿的体能水平

所需器械	足球若干、敏捷环 16 个、标志杆 10 根、足球门 2 个、布基胶带 1 卷		
教学过程		器械摆放及队列队形	时间
开始部分 2 分钟	1. 集合整队，师生问好，清点人数 2. 情节引入：师：小朋友们，今天我们要学习踢足球，看看大家能不能成为优秀的"足球小将"		
准备部分 5 分钟	热身游戏：玩转敏捷环 师：下面先跟老师做一下热身练习。教师带着幼儿分两队，做各种通过敏捷环（跑、双脚跳、单脚跳、开合跳等）的循环练习，使全身有效活动开，练习队列如右图 1	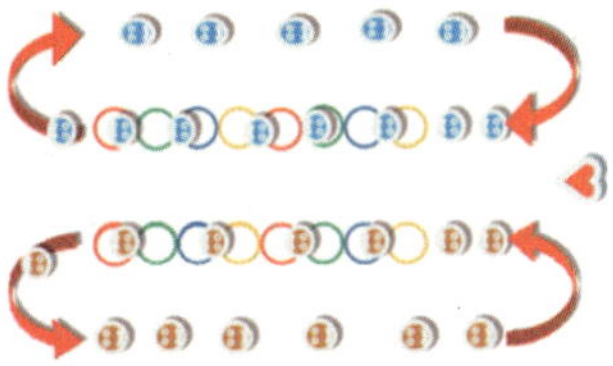 图 1 玩转敏捷环练习队列	练习 5 分钟
基本部分 28 分钟	1. 游戏：传停小将 师：足球小将第一关"传停球"，两位幼儿面对面，中间间隔 3 ～ 5 米，一边的幼儿把球踢给对面的幼儿，对面幼儿用脚先停球，而后用脚调整好球位置再把球踢回去，来回往复练习。练习队列如右图 2 2. 游戏：控球小将 师：足球小将第二关"控球"，幼儿用脚带球绕过一个个标志杆后射门，而后用脚带着足球排到队尾进行下一轮的循环练习。练习队列如右图 3 3. 游戏：跑动传球小将 师：足球小将终极关卡"跑动传球"，两位幼儿为一组，中间间隔 3 ～ 5 米，要求两位幼儿在跑动中控球、传球，传至标志线后，靠外侧的幼儿完成射门，而后两人带球到另一侧进行循环练习，刚才在内侧的幼儿变为外侧。练习队列如右图 4	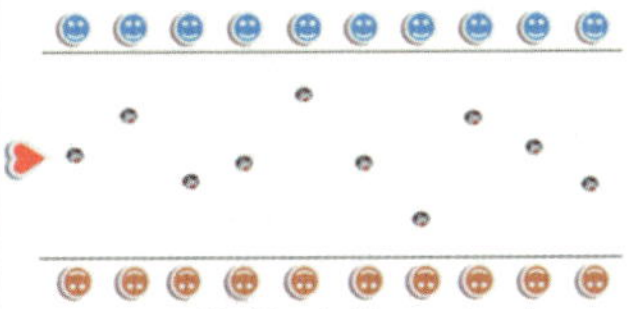 图 2 传停球练习队列 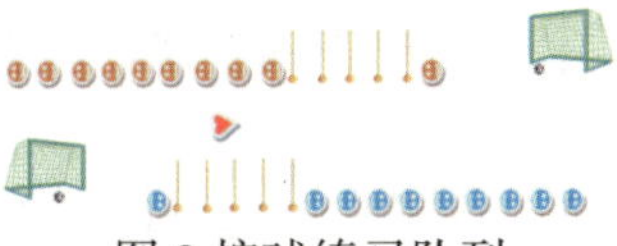 图 3 控球练习队列  图 4 跑动传球练习队列	每种方式练习 9 ～ 10 分钟

结束部分 5分钟	1.放松游戏 师：今天小朋友们都练习得非常认真，很快都能成为了不起的"足球小将"！下面跟老师做放松练习"抖抖操"——抖抖胳膊、抖抖腿、抖抖全身，真舒服，反复练习几遍 2.教师带领小朋友一起整理、回收器械	 😊😊😊😊😊😊😊😊😊😊 😊😊😊😊😊😊😊😊😊😊 ❤	

六、传球小能手

表2-4-6

课程名称	"传球"小能手		
课程目标	1.锻炼幼儿手眼配合能力 2.有效提升幼儿的前庭觉水平 3.有效提升幼儿的体能水平		
所需器械	篮球若干、海绵垫若干		
	教学过程	器械摆放及队列队形	时间
开始部分 2分钟	1.集合整队，师生问好，清点人数 2.情节引入：师：小朋友们，今天我们要学习传球，努力成为"传球"小能手	 😊😊😊😊😊😊😊😊😊😊 😊😊😊😊😊😊😊😊😊😊 ❤	
准备部分 5分钟	热身游戏：体能小循环 师：下面先跟老师做一下热身练习。教师带着幼儿在垫子上做各种爬行的循环练习，使全身有效活动开，练习队列如右图1	 图1 体能小循环练习队列	练习 5分钟

| 基本部分
28分钟 | 1. 游戏：自抛自接
师：要想成为"传球"小能手，首先要控制好自己的球。每位幼儿拿1个篮球，双手抱球原地竖直上抛1～2米，球下落时双手准确接住，尽可能双脚不要移动位置。看看谁是控球小能手，可以选出表现好的幼儿示范。练习队列见右图2。
2. 游戏：抛接球
师：两位幼儿面对面，中间间隔2～3米，一边的幼儿双手持球，向对中间地面投出，篮球反弹起后对面幼儿双手接球，而后再投向中间地面，来回往复练习7分钟。而后，一边的幼儿双手持球直接向对面幼儿抛出，对面幼儿根据球在空中的飞行轨迹做出判断，双手准确把球接住，接稳后再抛给对面幼儿，来回往复练习7分钟。练习队列如右图3
3. 游戏：推球大战
师：两位幼儿为一组面对面分别趴在海绵垫上，中间间隔2～3米，要求幼儿头部高抬，两手臂抬起离开地面，一侧幼儿双手持球把篮球贴地推向对面幼儿，对面幼儿双手迎球接住，而后推回，来回推球完成推球大战，尽可能保持球准确推向对方。小班每组练习1分钟即可，中大班每组可以练习2分钟，中间休息30秒。练习队列如见右图4 | 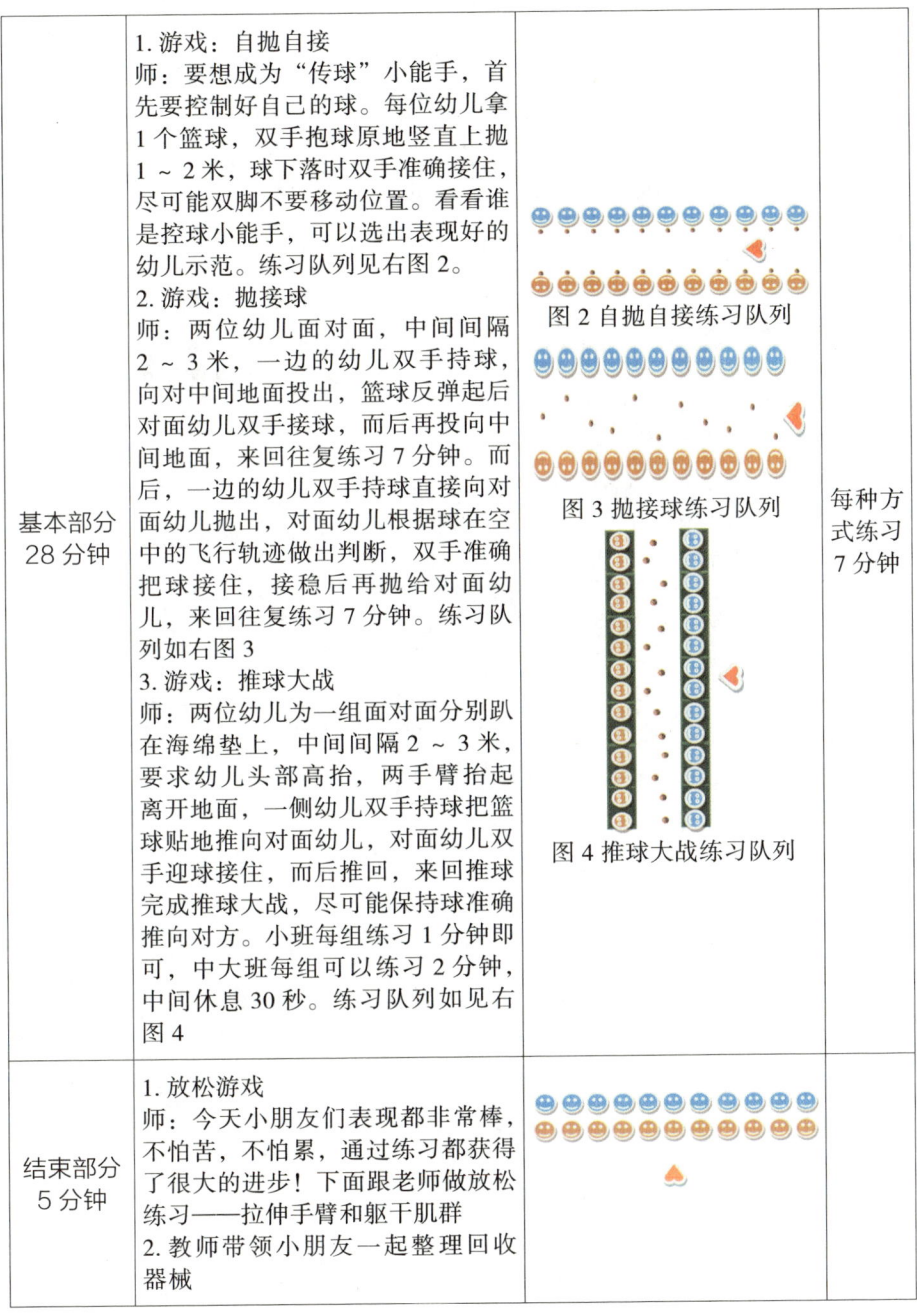
图2 自抛自接练习队列

图3 抛接球练习队列

图4 推球大战练习队列 | 每种方式练习
7分钟 |
| 结束部分
5分钟 | 1. 放松游戏
师：今天小朋友们表现都非常棒，不怕苦，不怕累，通过练习都获得了很大的进步！下面跟老师做放松练习——拉伸手臂和躯干肌群
2. 教师带领小朋友一起整理回收器械 | | |

七、最佳搭档

表 2-4-7

课程名称	最佳搭档		
课程目标	1. 提高幼儿对不同动作的触觉反应和体验，增加触觉系统的调控力 2. 发展幼儿团队协作能力，提升幼儿协作精神		
所需器械	瑜伽砖若干、海绵棒若干		
教学过程		器械摆放及队列队形	组次
开始部分 2 分钟	1. 集合整队，师生问好，清点人数 2. 情节引入：师：小朋友们，最近总是下雨，河水暴涨，我们需要团结协作运送抗洪物资		
准备部分 5 分钟	热身游戏：组建团队 师：幼儿在教师的口令下围成圈跑动起来，跑动过程中教师发出口令："两人结组""三人结组""四人结组""两人背靠背""三人手拉手"等，当幼儿听到口令后，需要迅速做出反应，按指令组队。场地布置及练习队列如右图	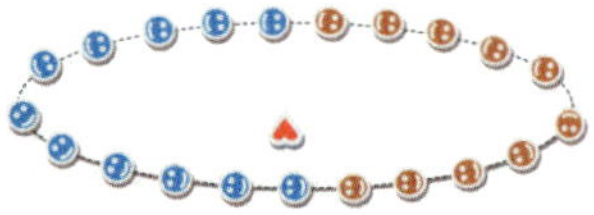	练习1组

基本部分 28分钟	1.练习游戏：小螃蟹搬石头——背靠背夹球 师：小朋友们，下面我们变成小螃蟹，两人一组面对面横向走，把石头（平衡砖）运送到抗洪前线，每次只能搬运1块石头。搬运中必须双手搬运，掉落或松手都算失败，需要重新排回队尾。把小朋友分成两队，两队的人数、石头均相等，先运送完的队获胜。练习队列及场地布置如右图2 2.练习游戏：小蚂蚁运木材 师：小朋友们，石头运送完了，下面我们变成小蚂蚁，两人一组，把木材（海绵棒）运送到抗洪前线，每次只能搬运1根。搬运时两人并排成蚂蚁爬状，把木材（海绵棒）放到两人腹部，两人协作完成运送，中途木材掉落，需要重新排回队尾。把小朋友分成两队，两队的人数、木材均相等，先运送完的队获胜。练习队列及场地布置如右图2 3.练习游戏：紧急营救（限中、大班） 师：小朋友们，刚接到抗洪前线消息，有人受伤了，需要我们紧急把伤员运送回来进行救治。把小朋友分成两队，每队三人成一组，其中一人扮演伤员到前线，两人组成救援小队前往前线，四只手组成"8"字，让伤员两腿放进"8"字，双手各抱一侧队员肩膀，把伤员抬回来，三人循环扮演伤员。练习队列及场地布置如参照右图2	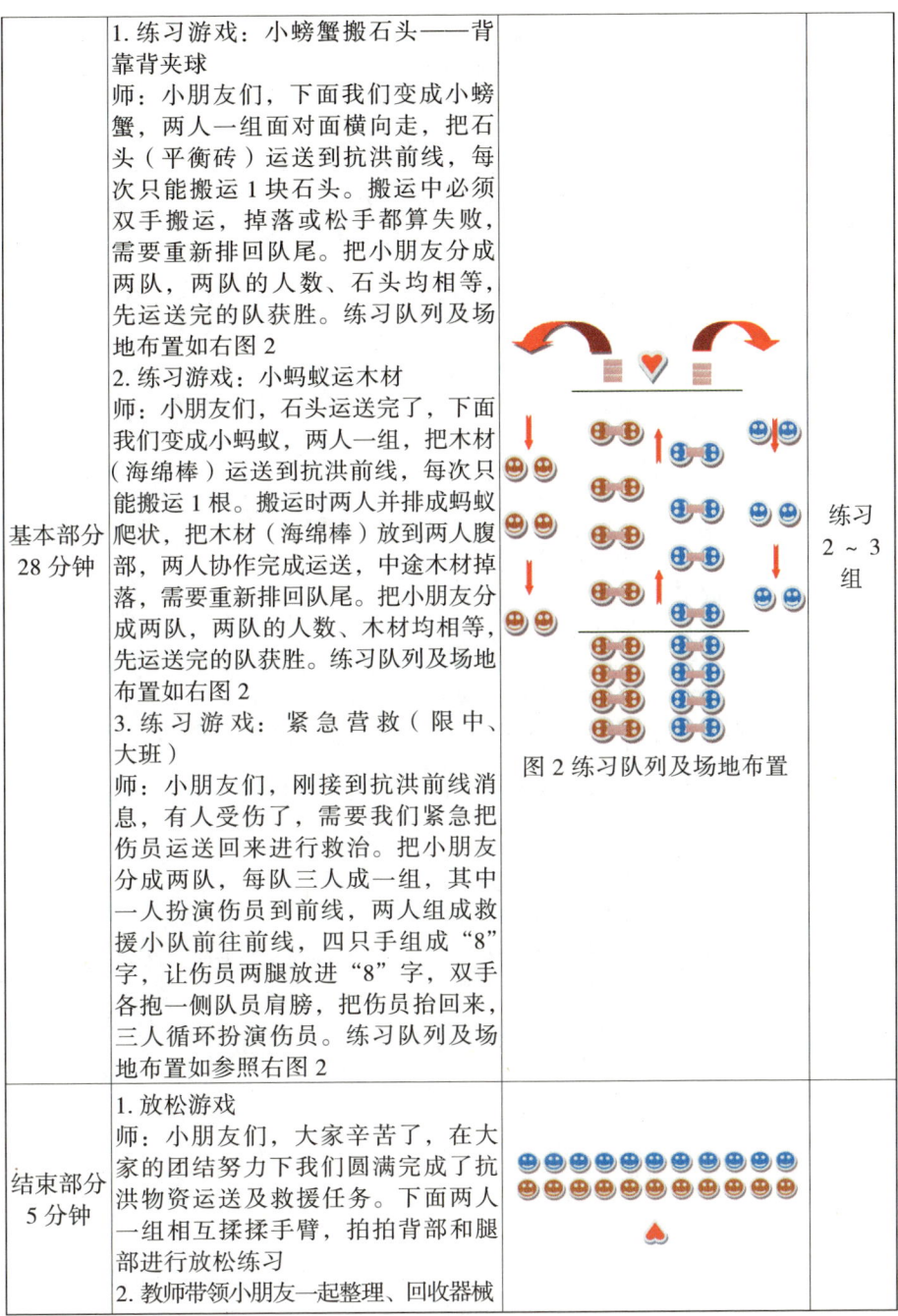 图2 练习队列及场地布置	练习 2～3 组
结束部分 5分钟	1.放松游戏 师：小朋友们，大家辛苦了，在大家的团结努力下我们圆满完成了抗洪物资运送及救援任务。下面两人一组相互揉揉手臂，拍拍背部和腿部进行放松练习 2.教师带领小朋友一起整理、回收器械		

八、轰炸食蚁兽

表 2-4-8

课程名称	轰炸食蚁兽		
课程目标	1. 提高幼儿对不同姿势的触觉反应和体验，增加触觉系统的调控力 2. 发展幼儿手部操作能力，提升幼儿精细动作发展		
所需器械	体操垫 6 块、跳箱 2 组、标志桶 9 个、筐 2 个、门洞 2 个、沙包若干、网球若干		
	教学过程	器械摆放及队列队形	组次
开始部分 2 分钟	1. 集合整队，师生问好，清点人数 2. 情节引入：师：小朋友们，今天我们变成勤劳的小蚂蚁，一起团结起来对付食蚁兽		
准备部分 5 分钟	热身游戏：备战 师：最近食蚁兽经常攻击我们，我们的很多同伴被食蚁兽吃掉了，我们必须团结起来，准备好武器打击食蚁兽，才能有效保护自己。下面我们要行动起来，去捡拾手雷（沙包、网球）。在老师的带领下一起出发！通过跑、跳、爬、钻等多种形式把散落在场地内的手雷（沙包、网球）捡拾到弹药箱。练习队列及场地布置如右图 1	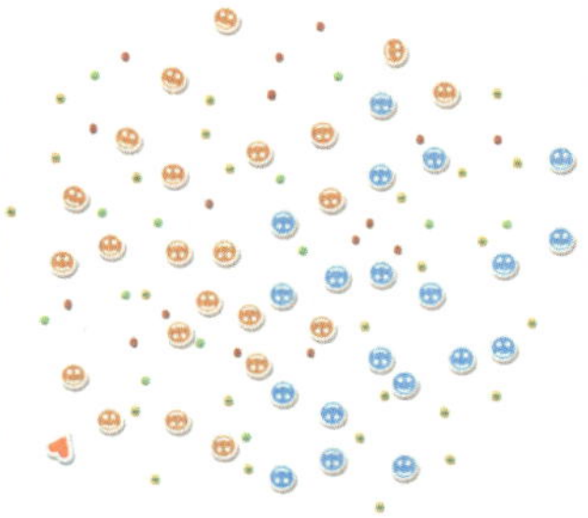 图 1 场地布置及练习队列	练习 1 组

续　表

基本部分 28分钟	1. 游戏：轰炸食蚁兽 师：小蚂蚁们，为了不被食蚁兽发现，我们必须通过攀、爬、钻的形式接近食蚁兽，然后把手雷投进食蚁兽的巢穴（筐），每次只能携带1枚手雷（沙包或网球）把小蚂蚁分为两队，两队的手雷数量相等，投进巢穴（筐）手雷多的队获胜。当投进巢穴（筐）手雷的数量大于总数的二分之一时就战胜了食蚁兽。练习队列及场地布置见右图2 通过体操垫的形式：①跪爬；②俯爬；③熊爬；④蚂蚁爬；⑤背爬；⑥直体侧身滚；⑦双手抱胸直体侧身滚；⑧前滚翻 通过门洞的形式：①正面钻；②侧面钻；③俯身钻 通过跳箱的形式：①双脚跳；②攀登；③跑跳	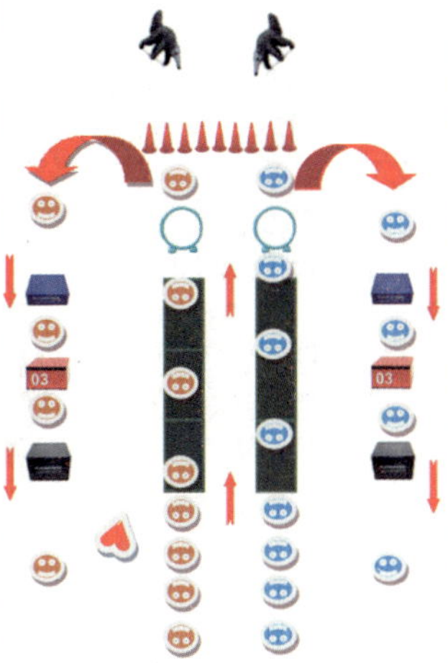 图2　练习队列及场地布置	练习 2～3 组
结束部分 5分钟	1. 放松游戏 师：小蚂蚁们，大家辛苦了，在大家的团结努力下我们终于战胜了食蚁兽。下面跟老师一起做一个拍拍操，放松一下我们疲劳的身体。拍拍胳膊、拍拍腿、拍拍肩膀……而后做一些手臂、躯干前侧肌群链的拉伸练习 2. 教师带领小朋友一起整理、回收器械		

九、小小棒球手

表 2-4-9

课程名称	小小棒球手
课程目标	1. 锻炼幼儿手部操作能力和精细动作 2. 有效提升幼儿神经系统发展水平
所需器械	棒球棒若干、棒球若干、敏捷栏若干、标志桶若干

教学过程		器械摆放及队列队形	组次
开始部分 2分钟	1.集合整队，师生问好，清点人数 2.情节引入：师：小朋友们，今天我们的目标是成为超级棒球手		
准备部分 8分钟	热身游戏："赶猪"入圈 师：每位小朋友拿1个棒球棒、1个棒球，把棒球当小猪，两手持棒把小猪赶回圈（敏捷栏）中，而后赶回队尾，进行循环练习。练习队列及场地布置如右图1	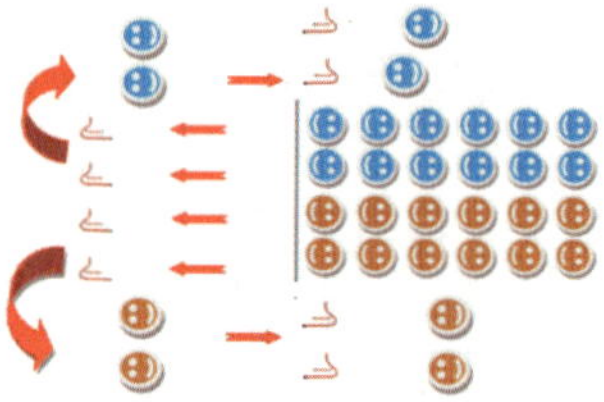 图1 练习队列及场地布置	练习2～3组
基本部分 25分钟	1.练习游戏：小猪入圈 师：小猪到处乱跑，我们要把它赶回圈中。小朋友站成两横排，间隔3～4米面对面排列，中间摆放敏捷栏，两位小朋友用1个棒球，把棒球放于地面，双手持球棒，准确击打棒球使其穿过敏捷栏，两人一组来回击打进行练习。练习队列及场地布置如右图2	图2 练习队列及场地布置	练习30组
	2.练习游戏：小小棒球手 师：小朋友们，经过大家的努力，我们已经能够很好地掌握把小猪赶回圈中的技巧。下面我们要提升自己的水平，看看能不能成为一名出色的棒球手。小朋友两列横队，间隔5米侧对排列，侧对的两位小朋友用1个棒球，在面前摆放标志桶，把棒球放在标志桶顶部，两脚开立与肩同宽，双手持球棒，准确击打棒球，两人一组来回击打进行练习。练习队列及场地布置如右图3	图3 场地布置及练习队列	练习30组

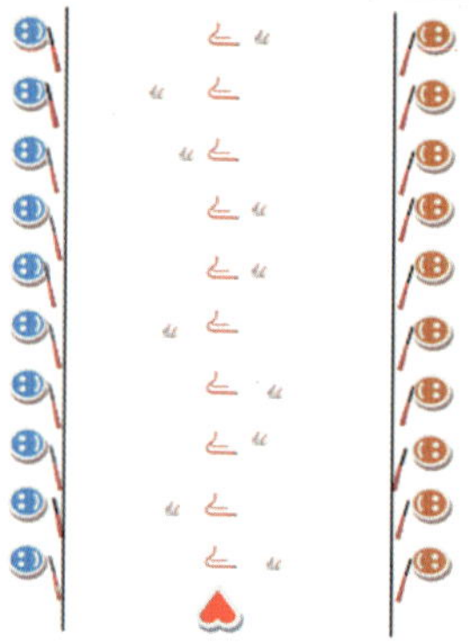

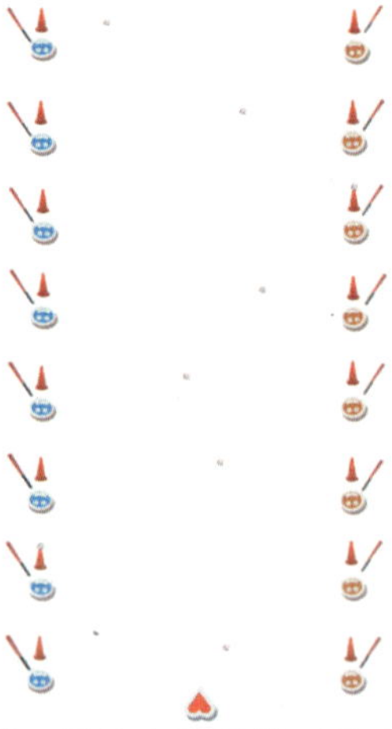

结束部分 5分钟	1.放松游戏 师：通过练习很多小朋友都成长为了棒球手，祝贺大家！后面还需努力！下面跟老师做放松练习——拉伸手臂和躯干肌群 2.教师带领小朋友一起整理、回收 器械。	😊😊😊😊😊😊😊😊😊😊 😊😊😊😊😊😊😊😊😊😊 ❤️	

十、班级运动会

表 2-4-10

课程名称	班级运动会		
课程目标	检验幼儿感觉统合发展水平		
所需器械	3米长平衡木2个、敏捷环8个、速叠杯8个、标志杆5个、敏捷栏8个、门洞4个、海绵垫4块、标志桶8个、横杆4根、跳箱1套、跳马3套、三角跑酷箱3个、波速球6个		
	教学过程	器械摆放及队列队形	组次
开始部分 2分钟	1.集合整队，师生问好，清点人数 2.情节引入：师：小朋友们，今天我们召开班级运动会，检验一下我们前期的训练效果	😊😊😊😊😊😊😊😊😊😊 😊😊😊😊😊😊😊😊😊😊 ❤️	

准备部分 10分钟	**热身游戏：熟悉运动会规则** 师：教师示范，教给幼儿每种器械的使用方法和规则。练习队列及场地布置如右图1 平衡木：快速走过或跑过，掉下即挑战失败 敏捷环：快速跑过，触碰到敏捷环即挑战失败 速叠杯：下蹲双手翻过每1个杯子，落下或杯子倒地即挑战失败 标志杆：S形曲线快速跑过，触碰到标志杆即挑战失败 敏捷栏：快速高抬腿跑过，触碰到敏捷栏即挑战失败 门洞：正面或侧面钻过，门洞移动位置或倒地即挑战失败 跳箱：快速跑、跳、攀过跳箱，跳箱移动位置或不经过跳箱即挑战失败 海绵垫：快速俯爬过海绵垫，碰倒横杆或标志桶移动位置即挑战失败 跳马：连续横跨过3个跳马，未跨过或跳马移动位置即挑战失败 三角跑酷箱：手脚并用通过三角跑酷箱，身体任何部位触地即挑战失败 波速球：双脚连续跳过，其他通过方式或掉下即挑战失败	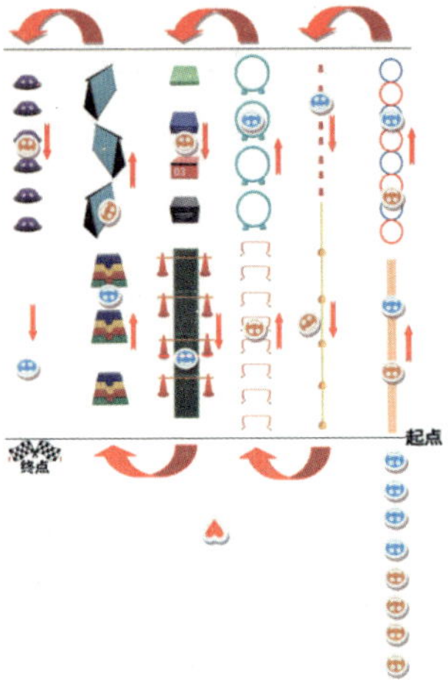 图1 场地布置及练习队列	练习 1组
基本部分 23分钟	**游戏：班级运动会** 师：先指导幼儿练习2～3个循环；而后开始计时比赛，在不违反规则的前提下，看谁是班里的运动小健将。比赛时不必1个1个进行，间隔10～15秒出发1个即可，尽可能把质量完成高的放在前面进行，一是保证比赛的顺畅，二是保证幼儿的练习强度。练习队列及场地布置如右图1		练习 3～5 组

| 结束部分
5分钟 | 1.放松游戏
师：小朋友们，通过今天的运动会，我们看到很多小朋友都成长为了运动小健将，很了不起，祝贺他们！其他小朋友继续努力，我们后面还要再举办运动会，争取更多的小朋友成为运动小健将。下面跟老师做一套拉伸操放松一下我们的身体
2.教师带领小朋友一起整理、回收器械 | 😊😊😊😊😊😊😊😊😊😊
😊😊😊😊😊😊😊😊😊😊
♥ | |

第三章　幼儿体育教学注意事项

第一节 幼儿体育教学方法

一、教学有法、教无定法、贵在得法

所谓教学有法，就是任何教学都必须遵循教学的规律和原则，都必须按一定的教学模式或程序来教；所谓教无定法，就是即使同一个教师在讲授不同的教材时，也不可能一直按一个模式、用同一种方法来教，任何教学方法都不能机械照搬；所谓贵在得法，就是指教师根据教材的内容和学生的特点在课堂上应灵活地变换自己的教学方法和教学手段。因此，在体育教学中必须运用合理的教学方法或方法组合，力争做到贵在得法，促进教学目标的实现。2016 年教育部颁布的《幼儿园工作规程》中要求幼儿体育教学要"遵循幼儿身心发展规律，以游戏形式为基本活动，寓教育于各项活动之中"。这其中对幼儿教学方法提出了明确要求，就是以"游戏形式"为载体来进行教学内容的渗入。

二、以学生发展为中心

动作教育是一种以学生为中心的课程模式，重视从学生的实际情况出发，通过动作学练，最终促成其"身—心—社"的全面发展。这是一种以人为出发点，最终回归于人的发展的教育思路，即"人—动作—人"的教育思路，体现了以学生发展为中心的理念。同时，动作教育课程模式强调教师要发挥辅助和引导的作用，为学生创设各种运动问题情境，在学生运动学练过程中提供适度的帮助和指引，并为学生提供多种动作任务选择的机会，等等，以充分发挥学生的自主性、积极性和创造性，来合作、探究并解决各种运动问题。这也体现了其突出学生的主体地位的理念。

三、重视动作技能的学习与应用

动作教育的重点是动作概念和动作技能的教学，学生在学习各种基本运动技能的同时，要学习并应用身体意识、空间意识、运动质量和运动关系等要素和概念，以促进学生深入理解身体是如何运动的，以及该如何更好地去运动。在动作教育中，学生不仅要学习各种动作概念和基本运动技能，更为重要的是要应用所学的知识与技能去解决各种运动问题。可见，动作教育非常重视动作概念和动作技能的学习与应用，以促进学生更好地参与各项运动。

第二节　幼儿体育教学科学性

一、从幼儿角度

首先，幼儿体育教师应根据幼儿身心发展特征、基本运动技能发展现状开展体育教学活动。不断优化教学内容，树立"健康第一"的教学理念，避免陷入只重视游戏快乐不重视动作技能发展的迷途，也不能陷入教学竞技化的错误道路。其次，教学内容应注重与幼儿的生活经验相结合，要体现易学性、新颖性、创新性特点，避免教学呈现单一性、枯燥性、竞技性等问题。最后，幼儿体育教师要注重教学内容的情景设计，注重教学内容的生活化，从而激发幼儿参与体育学习的兴趣和乐趣。

二、从教学角度

从幼儿体育教学过程看，第一动作技能的形成过程不仅是"肌肉"的活动，还与其组合和顺序有关；第二动作技能是一种智慧技能，因为它遵循某种运动的规则和要求，在设计与选择动作技能时，应预先制订教学计划或执行程序，如动作技能练习的负荷量、强度、组数、间歇时间等训练指标；第三注意学习的顺序，例如立定跳远，包括下蹲、跳跃、缓冲三个基本动作，应先学习下蹲动作，再学习缓冲动作，最后学习跳跃动作，这样才不容易受伤。实践证明，教学计划的科学性、教学内容的合理性、教学方法的针对性和教学组织的艺术性，对调动学生学习的积极性和主动性，激活有机体的内部刺激起着决定性的作用。

三、从认知角度

鉴于幼儿的认知正处于前运算阶段，在设计教学方式时主要以学生自主探索为主，辅以小群体的合作学习，教师主要为其创设各种运动问题情境，帮助幼儿进行探究式学习。此外，教师也应根据教学的实际情况将直接教学的讲解、示范等应用于课堂教学中，以帮助幼儿掌握基本运动技能。不要以小学生或成人的尺度去评价幼儿，那样是严重违背幼儿发展规律的。

第三节　充分理解动作教育对幼儿的意义

基本运动技能是人类赖以生存和发展的基础，学生的基本运动技能发展是否充分对今后运动能力是否能良好发展起关键作用。儿童的基本运动技能并不是随着身体的发育而自主获得的，需要经过学习和充分的练习才能掌握。

动作教育的目的就是发展儿童的基本运动技能并了解身体运动，动作教育不仅仅是个体在各种动作活动中发展其身体的意识，还可以在动作技能学习和身体意识获得的基础上，来提升其各种心理机能。动作教育应该促进每个儿童获得动作技能、变得活跃并从运动中受益，即儿童在动作技能学习中应运用各种运动知识和技能来解决各种运动挑战，从而促进其认知、运动和社会性的全面发展。动作教育必须成为以促进动作技能学习与探索为核心、以增进其"身—心—社"获得适宜且全面发展的一种综合性的课程模式。动作教育旨在促进幼儿运动技能发展的同时，促进其体能、认知和情感的全面发展。

参考文献

[1] Payne，耿培新，梁国立 . 人类动作发展概论 [米]. 北京：人民教育出版社，2008.

[2] 王兴泽 . 人类动作发展视野下的体育与健康课程标准研究 [米]. 北京：北京体育大学出版社，2017.

[3] 戴平，邓雪竹 . 幼儿园体育活动与体育特色课程研究 [米]. 北京：北京大学出版社，2018.

[4] 吴升扣，熊艳，王会会 . 动作发展视角下幼儿韵律性身体活动开展与设计的调查研究 [J]. 北京体育大学学报，2017，40（4）：89-96.

[5] 吴升扣，张首文，邢新菊 . 动作发展视角下幼儿体育与健康领域学习目标的国际比较研究 [J]. 成都体育学院学报，2014，40（5）：75-80.

[6] 周觅 . 皮亚杰与维果茨基儿童观比较研究 [J]. 教学与管理，2012，29（27）：158-160.

[7] 陶宏 . 幼儿体育教学活动实践手册 [米]. 上海：华东师范大学出版社，2017.

[8] Sousa. 心智、脑与教育 [米]. 周加仙，译 . 上海：华东师范大学出版社，2013.

[9] 瑞迪，哈格曼 . 运动改造大脑 [米]. 浦溶，译 . 杭州：浙江人民出版社，2013.

[10] 卡特瓦拉 . 运动大脑 [米]. 陈龙斌，王傅雷，译 . 北京：机械工业出版社，2019.

[11] 刘敦晓 . 从动作发展视角看幼儿体育教学的困境与出路 [J]. 体育科技，2018，39（4）：145-146.

[12] 唐怡. 幼儿教师体育活动中对幼儿基本动作指导的研究 [D]. 成都：四川师范大学，2017.

[13] 贾焕发. 3~10 岁儿童投掷动作发展特征研究 [D]. 济南：山东师范大学，2014.

[14] 张颖，蔡国梁，赵晨琼，等. 基于人类动作发展视角的幼儿动作发展规律研究进展 [J]. 四川体育科学，2019，38（2）：37-39，52.

[15] 宁科. 幼儿大肌肉动作发展特征及教学指导策略研究 [D]. 北京：北京体育大学，2017.

[16] 袁振国. 当代教育学 [米]. 北京：教育科学出版社，2004.

[17] 谈莹. 吉首市幼儿园体智能课程教学研究 [D]. 吉首：吉首大学，2018.

[18] 贾艳. 1~3 岁婴儿动作发展研究 [D]. 太原：山西大学，2013.

[19] 马芷筠. 儿童基本动作发展序列研究 [D]. 北京：北京体育大学，2017.

[20] 苏亚斌. 北京市 3~6 岁幼儿粗大动作发展现状研究 [D]. 北京：首都体育学院，2018.

[21] 龚海培，柳鸣毅，胡雅静，等. 体育强国背景下我国幼儿体育发展体系研究 [J]. 体育文化导刊，2020（9）：41-47，66.

[22] 周喆啸，顾耀东，李建设，等. 动作发展视角下 3~6 岁幼儿功能性练习方案的设计与实证研究 [J]. 首都体育学院学报，2021，33（2）：187-198.

[23] 马瑞，宋珩. 基本运动技能发展对儿童身体活动与健康的影响 [J]. 体育科学，2017，37（4）：54-61.

[24] 李宁艳. 幼儿园韵律活动中幼儿律动经验的研究 [D]. 南京：南京师范大学，2017.

[25] 王军朝. 动作发展视角下 3~6 岁幼儿体育教学模式的研究 [D]. 长春：吉林体育学院，2017.

[26] 李阳. 幼儿基本动作的发展干预研究 [D]. 北京：北京体育大学，2020.

[27] 董奇，陶沙. 动作与心理发展 [米]. 北京：北京师范大学出版社，2004.

[28] 胡欢欢. 幼儿体育教学中传统体育游戏的融入研究 [J]. 南昌师范学院学报，2020，41（3）：106-109.

[29] 杨清轩.动作发展视域下学前儿童大肌肉动作发展的实验干预 [J].西安体育学院学报，2017，34（3）：341-347.

[30] 李亚梦，孙李，姜稳，等.3 ~ 5 岁幼儿大肌肉动作发展与体适能水平的相关性 [J].中国学校卫生，2019，40（8）：1194-1199.

[31] 李静，刁玉翠，孙梦梦，等.3 ~ 5 岁幼儿基本动作技能与体能的关系研究 [J].中国体育科技，2019，55（6）：52-58.

[32] 刘苗.广州市天河区市一级以上幼儿园体育活动开展现状与对策的研究 [D].广州：广州体育学院，2018.

[33] 张莹.动作发展视角下的幼儿体育活动内容实证研究 [J].北京：北京体育大学学报，2012，35（3）：133-140.

[34] 张志强.阜阳市幼儿体育教学现状调查与对策研究 [D].阜阳：阜阳师范大学，2021.

[35] 谢哲.2016 年版《幼儿园工作规程》的主要特点和作用展望 [J].陕西学前师范学院学报，2016，32（7）：113-116.

[36] 陈纳.幼儿园教育"隐性小学化"的特点、危害及成因分析 [J].湖北第二师范学院学报，2013，30（5）：90-93.

[37] 陈亮.基于动作发展的体育游戏对幼儿体适能干预效果的研究 [D].海口：海南师范大学，2021.

[38] 郭燕，韩佩轩.河南省焦作市区幼儿教师体育教学能力提升策略研究：以跑、跳、投、滚翻为例 [J].四川体育科学，2020，39（6）：137-140.

[39] 孙雨.动作技能发展视角下 5 ~ 6 岁幼儿室内活动内容设计与实验研究 [D].石家庄：河北师范大学，2021.

[40] 武志俊，王争艳，王强.动作发展神经科学：未来路径与布局 [J].中国科学（生命科学），2021，51（6）：619-633.

[41] 陈玥莹.厦门岛内幼儿运动动作发展的家长认知现状探究 [D].厦门：厦门大学，2019.

[42] 柳倩，曾睿.3 ~ 5 岁儿童动作发展及其与早期认知、学习品质的关系研究 [J].全球教育展，2018，47（5）：94-112.

[43] 耿达，张兴利，施建农.儿童早期精细动作技能与认知发展的关系 [J].心

理科学进展，2015，23（2）：261-267.

[44] 张柳，李红娟，王欢，等.幼儿基本动作技能与身体素质的关联性 [J]. 中国学校卫生，2020，41（4）：554-557.

[45] 李冲冲.动作发展视角下幼儿体育课程教学计划制订探析 [J]. 基础教育研究，2021，34（1）：93-94.

[46] 陆艳，徐飞.动作发展视域下幼儿体育教学内容的研究 [J]. 当代体育科技，2021，11（35）：64-66.

[47] 闫海滨.小篮球运动对 5～6 岁幼儿粗大动作发展影响的实验研究 [D]. 济宁：山东体育学院，2021.

[48] 李立，陈玉娟，贾富池.少儿不良体态成因及运动矫正 [米]. 青岛：中国海洋大学出版社，2019.

[49] 李绪琼.4～6 岁幼儿跑、跳、投动作发展特征与干预效果研究 [D]. 南宁：南宁师范大学，2019.

[50] 文蕊香，姜桂萍，赵盼超，等.3～6 岁幼儿粗大动作发展特征研究 [J]. 中国儿童保健杂志，2021，29（10）：1072-1076.

[51] 丁玮.动作发展视角下小篮球活动对 4～6 岁幼儿身体素质发展的实证研究 [D]. 成都：成都体育学院，2021.

[52] 庞博，纪仲秋，张子华，等.3～5 岁幼儿侧滑步及前滑步动作发展促进的生物力学研究 [J]. 中国学校卫生，2019，40（11）：1689-1693.